LA CARAVANA DE LA MUERTE

Las víctimas de Pinochet

Dirección editorial

Gervasio Sánchez Fotografías y textos
Leopoldo Blume Editor
Cristina Rodríguez Fischer Coordinación

Diseño y maquetación

Natàlia Arranz

Fotomecánica

Scan 4, Barcelona

Impresión

Plan B Barcelona Press

Primera edición 2001

© 2001 Editorial Contrapunto
© 2001 Art Blume, S.L.
Av. Mare de Déu de Lorda, 20
08034 Barcelona
Tel. 93 205 40 00
Fax 93 205 14 41
E-mail: info@blume.net

© 2001 Gervasio Sánchez

ISBN: 84-89396-67-1
ISBN: 956-257-027-4
Depósito legal: B-18.450-2001
Impreso en España

LA CARAVANA DE LA MUERTE

Las víctimas de Pinochet

Gervasio Sánchez

EDITORIAL
CONTRAPUNTO **BLUME**

No es posible escribirle un prólogo al dolor. El dolor llena todo el espacio, se arrastra por los corredores, sube por las paredes, hace añicos los cristales de las ventanas, revienta el techo, es un aullido, un grito lacerante, un gemido sordo y continuo, un silencio. El dolor es una palabra que no quiere saber de otras palabras. El dolor convierte en superfluas todas las palabras. El dolor no lee los prólogos porque ni siquiera es capaz de leerse a sí mismo. Cuando le pedimos al dolor que diga el dolor que siente, sólo podrá usar las palabras que existen por ahí, no ésas que sería necesario inventar para que el dolor doliera tanto a quien las oyera como antes le dolió a quien tuvo que sufrirlo. El dolor es la cara preferida de la injusticia.

Este libro habla de dolor y de injusticia, habla de torturados y de desaparecidos, habla de muertos y de la incorruptible y eterna esperanza de la vida. Aquí hablan los que saben que van a morir, y también los vivos que, hora tras hora, año tras año, van transportando consigo esas millares de muertes para impedir que sean olvidadas. No es fácil vivir llevando la muerte dentro, pero no hay otra manera de defender la memoria de los injusticiados. Porque ellos no fueron olvidados aparece este libro. Porque ellos no fueron olvidados el pueblo chileno se levanta un poco más todos los días. Todos los pueblos van dejando atrás sus muertos, pero hay ocasiones y circunstancias en que un pueblo los necesita tanto como necesita a los vivos que lo constituyen. Pienso que es ésa, hoy, la situación del pueblo chileno. Sólo podrá reconocerse entero, completo, cuando haya conseguido reincorporar, como parte nuevamente vivificante de su historia, la memoria de los asesinados y el respeto por los que, contra todas las adversidades, les sobrevivieron. La vida, así, puede reaprenderse.

José Saramago

EL CÍRCULO SE CIERRA

Patricia Verdugo

Dicen que las almas de los asesinados se quedan en el mundo clamando por justicia. Y si eso fuera cierto podría concluirse que el alma de un detenido-desaparecido tiene doble motivo para mantener su espectral vigilia: fue arrestado, muerto y enterrado su cadáver en tumba clandestina, provocando un sufrimiento sin fin a sus seres amados.

Eso dicen. Y no hay cómo probarlo...

Lo que sí es un hecho es que el general Augusto Pinochet fue arrestado en Londres, en octubre de 1998, justo cuando se cumplían 25 años de las masacres al paso de la «caravana de la muerte». Y cuando el ex dictador chileno aún no se reponía de la sorpresa que le dieron los policías de Scotland Yard, a miles de kilómetros –en la nortina ciudad chilena de La Serena– emergían de una fosa los restos de quince hombres, poniendo fin a la desaparición que buscó ocultar los crímenes de la comitiva militar *pinochetista*.

Ese mes de octubre de 1998 quedó grabado a fuego en la rugosa piel andina de mi país, con un «gracias» a los pueblos de España e Inglaterra. Porque fueron ellos los que lograron traspasar la coraza que hasta entonces protegía al general Pinochet. Debemos recordar que el cruel dictador chileno gobernó desde el golpe militar de septiembre de 1973 hasta marzo de 1990. De ahí en adelante se mantuvo como comandante en jefe del ejército –y virtual jefe de todas las Fuerzas Armadas chilenas– hasta marzo de 1998. Así lo estableció él mismo en su Constitución, diseñada para garantizarle impunidad, entre otras cosas. El caso es que a comienzos de 1998 dejó el uniforme de cinco estrellas, fue declarado «padre benemérito de la patria» y asumió un lugar en el Parlamento, en calidad de senador vitalicio, para así vigilar a la «democracia» chilena hasta su muerte.

El poderoso Pinochet –fruto de la alianza entre los más ricos y los más miedosos– se transformó en símbolo de violación de derechos humanos y de impunidad garantizada. Hasta se mofaba de sus víctimas, como cuando se jactó de «economizar» recursos ante el macabro hallazgo de varios muertos en cada tumba.

Terminar con su impunidad fue la meta que nos propusimos los defensores de derechos humanos. Y no sólo se trataba de hacer justicia con las víctimas de su dictadura, de ajustar cuentas –en derecho– con el pasado. Era ésta una tarea imperiosa de presente y de futuro. Porque si un criminal como Pinochet no recibe sanción, ¿con qué argumento podemos educar a nuestros hijos y nietos en una cultura de respeto a los derechos humanos?

Así, en junio de 1996, la Unión de Fiscales Progresistas de España y la Fundación Salvador Allende interpusieron una querella contra Pinochet y sus cómplices. A esa investigación judicial decidió colaborar el gobierno de Estados Unidos al año siguiente, abriendo archivos hasta entonces secretos. La decisión de la Casa Blanca tenía un claro objetivo: Pinochet debía pagar la osadía de ordenar una acción terrorista en Washington que costó la vida a Ronni Moffit, una ciudadana estadounidense (asesinato del ex canciller chileno Orlando Letelier, 1976).

Cuando Pinochet se aprestaba a dejar el uniforme, a comienzos de 1998, la justicia chilena recibió la primera querella en su contra, interpuesta por el Partido Comunista. Era el momento justo, ya que antes toda querella en contra del Comandante en Jefe habría sido tramitada –sin destino– por la justicia militar.

Por sorteo fue elegido un juez de la Corte de Apelaciones, Juan Guzmán Tapia, para iniciar la investigación. Dos veces fui citada por el juez en esos primeros meses de 1998, cuando el poder de Pinochet se mantenía de modo tan ostentoso que parecía inverosímil que sendos procesos –el de España y el de Chile– siquiera lo rozaran. Debo agregar que en ambos procesos constaba un caso donde la criminalidad de Pinochet estaba a la vista: el caso de la llamada «caravana de la muerte». Yo había realizado una investigación periodística, hacia fines de la dictadura militar, que comprobó los crímenes de más de 70 prisioneros políticos y la había publicado bajo el título *Los zarpazos del Puma*, aludiendo al helicóptero Puma que transportó a la macabra comitiva. El juez Guzmán tenía mi libro en las manos, lleno de marcas y anotaciones. Y repasamos lo ocurrido en cada ciudad detalle por detalle.

Salí del Palacio de los Tribunales sintiendo que había vivido un episodio surrealista: había estado con un juez chileno que actuaba como si tuviera más poder que Pinochet. Y poco después quien se desconectó de la realidad fue el propio Pinochet al viajar a Europa creyéndose ciudadano del mundo de primera clase. El juez español Baltasar Garzón logró su arresto en Inglaterra, mientras se tramitaba su extradición a España. Rota su coraza de impunidad durante los 503 días que estuvo arrestado en Londres, regresó a un Chile que había quebrado a su vez la cota de terror con que las dictaduras someten a los pueblos. Como si al pisar tierra chilena, el anciano general exigiera cuentas al oficial de guardia y éste le hubiera respondido: «Aquí estamos, mi general, sin novedad en el frente, salvo porque todos hablan de usted, dicen que pueden juzgarlo acá, que eso es lo patriótico en un país que se considera respetable, que no podemos aceptar tribunales extranjeros».

Así fue cómo el juez Juan Guzmán pidió que se quitara el fuero parlamentario al senador Pinochet, requisito para someterlo a juicio, aceptando la petición de los abogados de las víctimas. La Corte Suprema lo desaforó finalmente en agosto de 2000. Y el juez, resistiendo todo tipo de presiones, ordenó su arresto y su enjuiciamiento en enero de 2001. El caso que derribó al ex dictador fue el de la «caravana de la muerte», cerrando así un círculo. Porque esta acción criminal de Pinochet fue el acto fundacional de su dictadura y resulta estremecedor que estas víctimas sean las que anuncien finalmente la acción justiciera.

Veamos en qué consistió, en síntesis, ese acto fundacional del *pinochetismo*. Tras el golpe militar, Pinochet delegó sus poderes –como comandante en jefe y como presidente de la Junta de Gobierno– en el general Sergio Arellano Stark para la misión de recorrer Chile y «uniformar criterios respec-

to de la administración de justicia». El general Arellano y un comando militar, a bordo de un helicóptero Puma, llegaban a las ciudades y elegían a un grupo de prisioneros políticos para masacrarlos a balazos y cortes de cuchillo. La mayoría de los detenidos se había entregado voluntariamente a las nuevas autoridades, al ser requeridos por bandos militares. Se trataba de directores de servicios y empresas estatales, alcaldes, dirigentes sindicales y estudiantiles, líderes locales de partidos de izquierda. La mayoría estaba esperando, en las cárceles, ser sometidos a Consejos de Guerra y probar su total inocencia. Algunos ya habían recibido condenas, ninguna a muerte.

La masacre –en la que participaron o asistieron oficiales locales– tenía por objetivo ordenar a las Fuerzas Armadas tras una línea dura y criminal, así como notificar a los disidentes de que se iniciaba una «guerra sucia», sin Dios ni ley. De ahí en adelante no habría ley chilena o tratado internacional que protegiera la vida de un disidente. Y para completar la amenaza, se ordenó ocultar los cadáveres, y así prolongar el sufrimiento y el terror de las familias.

De ese sufrimiento nos habla este magnífico trabajo periodístico de Gervasio Sánchez, que pone miradas y palabras, gestos y sentimientos para completar esta historia. Los periodistas sabemos que cien o mil muertos son mera estadística, aquella en la que el número anestesia el dolor. Humanizar la historia, volver a ponerle piel para desollarla al paso del relato: esa es nuestra tarea para que cada lector conserve la sensibilidad que lo hace digno de llamarse humano.

Santiago de Chile, febrero de 2001

EL TRIUNFO DE LA MEMORIA

Gervasio Sánchez

El pleno de la Corte Suprema chilena aprobó el 8 de agosto de 2000 el histórico desafuero del ex dictador y senador vitalicio Augusto Pinochet por existir sospechas fundadas de su participación como autor, cómplice o encubridor en los hechos investigados en el llamado caso de la «caravana de la muerte».

Pocas semanas después del sangriento golpe militar de septiembre de 1973 que derrocó al gobierno constitucional de Salvador Allende, el general Sergio Arellano Stark recorrió junto a otros oficiales varias ciudades del norte y sur de Chile en un helicóptero Puma.

Pinochet había nombrado a Arellano su oficial delegado con la misión de «uniformar criterios en los consejos de guerra» que se desarrollaban en estas ciudades contra los partidarios de la Unidad Popular, la coalición izquierdista que apoyó a Allende.

La «caravana de la muerte» tuvo una actuación breve pero productiva: 75 prisioneros políticos, muchos de los cuales ya habían sido condenados a penas de prisión, fueron ejecutados en Cauquenes, La Serena, Copiapó, Antofagasta y Calama.

Se trató de ejecuciones extrajudiciales llevadas a cabo sin que existieran sentencias de muerte o tras juicios sin garantías procesales.

Los cuerpos fueron enterrados clandestinamente en fosas comunes o en el desierto. Veintisiete años después siguen sin aparecer los restos de 18 prisioneros.

Pinochet no adoptó ninguna sanción contra Arellano e incluso lo ascendió a principios de 1974 a Comandante en Jefe de la Segunda División con sede en Santiago. Otros miembros de la «caravana de la muerte» tuvieron después activas participaciones en violaciones sistemáticas de los derechos humanos.

En cambio, todos los militares que se opusieron a las ejecuciones o se mostraron pusilánimes fueron pasados a la reserva o expulsados del ejército. Por sus declaraciones se ha sabido que la «caravana de la muerte» era una unidad de combate cuya «misión era matar».

No hubo compasión ni piedad. Se ejecutó a las víctimas, se ocultaron sus cuerpos y las pruebas, se mancharon sus nombres con infamias, se persiguió a los familiares durante años.

Setenta y cinco personas perdieron la vida. Un número similar de mujeres quedaron viudas. Algunas madres sufrieron serias perturbaciones mentales o se suicidaron. Más de 120 niños quedaron huérfanos. Tres mujeres de Calama estaban a punto de dar a luz. Sus maridos nunca conocieron a sus hijos.

Un poema escrito por Rubén Soto esculpido en el lugar escogido para los fusilamientos de Calama grita: «¿Dónde están? Sabemos que no son sin saber dónde están. Están con el sol de compañero en la piedad del silencio».

El 6 de marzo de 2000, tres días después de su llegada a Chile tras su detención en Londres durante 503 días, el juez Juan Guzmán solicitó el desafuero de Pinochet por existir sospechas fundadas de su participación en los secuestros de los 19 prisioneros cuyos restos continuaban en paradero desconocido. Posteriormente, se consiguió identificar las osamentas de un ejecutado en Cauquenes.

La Corte de Apelaciones aprobó el desafuero el mes de mayo de 2000 y la Corte Suprema lo ratificó el 8 de agosto del mismo año con el voto a favor de 16 de los 20 jueces.

En su resolución judicial, el pleno de la Corte Suprema estableció que la Ley de Amnistía sólo puede aplicarse una vez que se ha agotado la investigación y se han determinado las responsabilidades criminales.

El juez Guzmán ordenó el lunes 29 de enero de 2001 el arresto y el procesamiento criminal de Pinochet como «autor inductor» del homicidio de 57 prisioneros y el secuestro de otros 18.

Aunque hoy sea difícil de creer, este caso comenzó judicialmente hace 15 años cuando en Chile no se movía una hoja sin que lo supiese el dictador.

En julio de 1985, Sergio Arellano Iturriaga, hijo del jefe de la «caravana de la muerte», intentó demostrar en un libro (un párrafo de dos decenas de líneas) que su padre no tuvo participación en los sangrientos sucesos.

Durante los siguientes meses, ex altos oficiales se ensarzaron en una disputa pública utilizando, curiosamente, las páginas de las revistas opositoras al régimen militar.

El coronel Eugenio Rivera Desgroux, gobernador militar en Calama en 1973, afirmó que el general Arellano realizó la gira mortal como oficial delegado de Pinochet. Fernando Reveco Valenzuela, oficial que presidió los consejos de guerra en Calama, aseguró que la mayoría de los fusilados habían sido condenados a penas entre dos meses y 20 años de prisión.

Los familiares de las víctimas recobraron la esperanza tras doce años de silencio. Carmen Hertz, abogada y esposa de Carlos Berger, condenado a 61 días de prisión, fusilado y desaparecido, presentó el 12 de octubre de 1985 una querella criminal contra Arellano.

El 9 de noviembre de ese mismo año se presentaron otras 9 querellas por secuestro contra quienes resultasen culpables de los hechos ocurridos en Calama y familiares de 3 de los 14 ejecutados en Antofagasta (único lugar donde los cuerpos fueron entregados a los familiares aunque en ataúdes sellados) también lo hicieron por homicidio con agravantes.

En diciembre de 1985 se nombró al juez Hugo Andrés Bustos para investigar las tres causas de Antofagasta. Este juez estableció presunciones bastantes fundadas contra los responsables, entre ellos el general Arellano.

En junio de 1986, la Corte Suprema, plegada a las exigencias de la dictadura, entregó la competencia de las causas a la fiscalía militar. El juzgado militar tomó declaración el 30 de julio de ese año al general en la reserva Joaquín Lagos, jefe de la Primera División durante los hechos investigados.

En diciembre de 1986, la revista opositora *Apsi* filtró la declaración provocando una gran revuelo por el contenido de las afirmaciones y las inculpaciones contra militares de alta graduación.

Una fuente de toda solvencia aseguró en enero de 1987 al autor de este libro que el general Lagos y su familia fueron amenazados de muerte con el fin de impedir su declaración.

Lagos explicó con lujo de detalles lo ocurrido desde la llegada de Arellano, expuso los nombres de los oficiales que acompañaban al oficial delegado de Pinochet y confesó su estupefacción cuando descubrió lo que había sucedido a sus espaldas en Antofagasta (14 fusilados), Calama (26 fusilados) y Copiapó (16 fusilados), ciudades que estaban bajo su mandato, donde en total fueron ejecutados 56 prisioneros.

Lagos declaró que Pinochet tuvo conocimiento de los graves hechos ocurridos en Antofagasta el mismo día 19 de octubre de 1973. El ex dictador había hecho una escala técnica en la ciudad antes de regresar a Santiago.

Cuando el general Arellano estaba a punto de declarar en el Primer Juzgado Militar de Antofagasta, se dictó por sorpresa el decreto de la Ley de Amnistía del 19 de abril de 1978 que obligaba y sigue obligando hoy a conceder la amnistía a los culpables de hechos delictivos ocurridos entre el 11 de septiembre de 1973, día del golpe de Estado, y el 10 de marzo de 1978.

El 29 de diciembre de 1986 se notificó la aplicación de esta misma ley a los procesos abiertos en Calama. Los abogados querellantes de la época consideraron que se trataba de «una aberración jurídica porque el secuestro concluye cuando la persona o su cuerpo es encontrado».

Tuvieron que pasar más de once años para que una querella criminal relacionase a Pinochet con el caso de la «caravana de la muerte».

«Estudié derecho para entender mejor lo que había ocurrido. Conseguí el sumario, lo leí entero y supe que el cuerpo de mi padre había sido abierto en canal. Había viajado tras el golpe desde Santiago a Antofagasta, a 1.100 kilómetros, para presentarse voluntariamente ante las nuevas autoridades», recuerda hoy Rosa Silva, hija de Mario Silva, ejecutado en la ciudad norteña.

A principios de 1998, poco antes de que el ex dictador se convirtiese en senador vitalicio, Hugo Gutiérrez presentó en su nombre la primera querella criminal contra Pinochet en relación con este caso. Meses después, Carmen Hertz y su hijo German Berger hicieron lo mismo.

Con el beneplácito de una gran parte de la clase política chilena (incluidos miembros destacables del partido al que perteneció Salvador Allende), Pinochet se había convertido entonces en el *Gatopardo* chileno.

Como Don Fabrizio, el príncipe de Salina, el inolvidable protagonista de la magistral novela de Giuseppe Tomasi di Lampedusa, intentaba desde hacía una década cambiar su imagen para permanecer en el poder o manejarlo entre bambalinas.

E igual que ocurría en la Sicilia de 1860, ocupada por los casacas rojas de Garibaldi, los políticos chilenos jugaban también a este transformismo. En la patria de Don Fabrizio, el antiguo régimen se desmoronaba, pero la alianza con los burgueses permitía a este gran personaje maquiavélico sobrevivir prácticamente sin grandes sobresaltos.

La admiración y el culto que suele provocar en las clases emergentes y en los políticos ambiciosos y sin escrúpulos el prestigio y el poder de sus antiguos enemigos influían en esa necesidad de silenciar el pasado, de pasar la página de la historia y de «blanquear» la imagen de los asesinos.

Cómo entender si no, que el principal responsable del asesinato y de la desaparición de casi 4.000 opositores pudiera regresar al mismo Senado que cerró violentamente, pasearse a placer como senador vitalicio y general benemérito e incluso cruzarse en las escalinatas de la más alta institución del país con los hijos de los que mandó asesinar.

Pinochet abandonó en marzo de 1998 el club de los militares y pasó a formar parte de otro club de privilegiados, el de los políticos, principal responsable de que en Chile hubiese triunfado la cultura del olvido, de que la dignidad y la memoria quedasen sepultadas por paladas de tierra quemada y de que los verdugos se paseasen por la calle a cara descubierta y se topasen en cualquier esquina con los familiares de sus víctimas.

Pinochet, como el siciliano Don Fabrizio, utilizó su habilidad para proteger su modelo económico y político. La mayoría de la clase política se apuntó a este simulacro «capaz de justificar todos los crímenes como razones de Estado y borrar la distinción absoluta que debe separar la crueldad estatal de cualquier otro vicio o error humano», como afirmó el sociólogo Tomás Moulian.

Chile simulaba un Titanic moderno provisto de un jacarandoso modelo económico que daba el pego porque sólo mostraba a los arrogantes pasajeros de primera clase con sus perfectos trajes, sus armónicas conversaciones y su destellante vajilla. Pero lo que no se veía estaba tan apolillado que no sería necesario un iceberg gigantesco para que se hundiera tarde o temprano. Lo más doloroso es que el barco diseñado y construido durante la sangrienta dictadura era pulido por una democracia vigilada.

Una mañana de julio de 1998 se produjo una dura conversación entre Viviana Díaz, entonces vicepresidenta de la Agrupación de Familiares de Detenidos-Desaparecidos, y el presidente de la Corte Suprema, Servando Jordán. «Un día Pinochet será detenido», le dijo la valiente mujer al hombre. «¿Quiénes son ustedes? Un grito en el desierto», se preguntó y se respondió con sorna el juez.

Tres meses después de esta conversación, Pinochet era detenido en Londres por una orden internacional cursada por el juez español Baltasar Garzón. Sí, un grito en el desierto, pero con mucho eco.

Empezaba un largo camino que tiene como fin el triunfo de la memoria.

Este libro está dedicado a las agrupaciones de familiares de las víctimas de la dictadura militar y a todas las personas que han luchado en silencio durante años por preservar la memoria.

«Debemos comprender que no podemos escapar del dolor común, y que nuestra única justificación, si hay alguna, es hablar mientras podamos, en nombre de los que no pueden.»

Albert Camus

«Dejamos atrás el pasado, pero el pasado nunca nos deja a nosotros.»

Magnolia
(película de Paul Thomas Anderson)

«Sé que están muertos. Puede ser egoísta, pero ellos no han sufrido tanto como nosotras.»

Carmen Vivanco,
84 años.
En 1976, cinco miembros de su familia desaparecieron.

LA CARAVANA DE LA MUERTE

BOLIVIA

PARAGUAY

● **CALAMA**
26 ejecutados

● **ANTOFAGASTA**
14 ejecutados

● **COPIAPÓ**
16 ejecutados

● **LA SERENA**
15 ejecutados

ARGENTINA

○ **Santiago**

● **CAUQUENES**
4 ejecutados

CHILE

Archivo de La Nación

Augusto Pinochet *(superior)*, el general
Sergio Arellano *(inferior)*; en la
fotografía del centro, ambos
se saludan.

LA SERENA
16/X/1973
COPIAPÓ
17/X/1973
ANTOFAGASTA
CALAMA
19/X/1973

CAUQUENES
4/X/1973

LA SERENA
16/X/1973

La «caravana de la muerte» llegó a La Serena el 16 de octubre de 1973 a las 11.00 horas. El general Sergio Arellano Stark ordenó la formación de un consejo de guerra para juzgar a 15 prisioneros políticos, tres de los cuales ya habían sido condenados en un anterior juicio. En menos de dos horas, los prisioneros yacían muertos en el campo de tiro del regimiento.

Los 15 cuerpos fueron lanzados al fondo de una fosa común en el cementerio. Los familiares no pudieron ver los restos hasta 25 años después cuando un juez ordenó la apertura de la fosa clandestina.

«Hicimos la petición ante el juzgado el 16 de octubre de 1998, coincidiendo con el 25 aniversario de los fusilamientos. Poco después de que acabásemos el acto de homenaje nos enteramos de la gran noticia: Pinochet había sido detenido en Londres», recuerda Ana María Merino, presidenta de la Coordinadora de Derechos Humanos de La Serena.

El 9 de noviembre de 1998 empezó la exhumación de los cuerpos. Un mes más tarde, los familiares pudieron velar los restos y enterrar dignamente a las víctimas.

Jorge Vásquez M. no fue ejecutado por la «caravana de la muerte». Fue fusilado en Ovalle y sus restos trasladados a La Serena, su ciudad natal.

HOMENAJE
LA COMISION CHILENA DE
DERECHOS HUMANOS A:
OSCAR AEDO HERRERA
CARLOS ALCAYAGA V.
JOSE ARAYA G.
MARCO BARRANTES A.
JORGE CONTRERAS G.
HIPOLITO CORTES A.
OSCAR CORTES C.
VICTOR ESCOBAR A.
ROBERTO GUZMAN STA. C.
JORGE JORDAN D.
MARIO RAMIREZ S.
JORGE OSORIO Z.
MANUEL MARCARIAN J.
JORGE PEÑA H.
JORGE VASQUEZ M.
GABRIEL VERGARA M.

LA SERENA   OCTUBRE 16
    1973   1989

JOSEFINA SANTA CRUZ SOTO, 76 años.

Madre de ROBERTO GUZMÁN, 35 años, abogado, casado, tres hijos. Su hijo fue ejecutado en La Serena. Sus restos fueron identificados en diciembre de 1998.

«Mi único hijo se trasladó la víspera del golpe militar a La Serena donde ejercía de asesor jurídico de los trabajadores mineros. Cuando supe que estaba detenido, fui a verlo. Había sido torturado y sentía dolores tremendos cuando lo abrazaba. Era abogado y miembro del Movimiento de Izquierda Revolucionaria. El mismo día que lo fusilaron había conseguido encontrar un abogado en la capital.

Yo era de derechas y tenía relaciones muy influyentes. Pertenecía a la aristocracia chilena. Fui activista de la organización Patria y Libertad, grupo de choque de extrema derecha. Participaba en sus desfiles. El 11 de septiembre fue un día muy feliz y celebré el golpe de Estado. Y de repente me mataron a mi único hijo. Sentí que todo el mundo era el asesino de Roberto. Me encerré en casa después de intentar entrevistarme con Pinochet. Nadie quería responsabilizarse de su muerte. Mis amigas de derechas me dieron la espalda. Muchas no volvieron a relacionarse conmigo. Intentaron comprar mi silencio otorgándome una pensión de gracia por la muerte de mi hijo y yo la rechacé escandalizada.

En 1977 me incorporé a la Agrupación de Ejecutados Políticos. Al principio desconfiaron de mí aunque luego me acogieron. Quería encontrar su cuerpo y clamaba porque se hiciera justicia. Varias veces fui agredida en la calle mientras protestaba contra el régimen militar. Comencé a entender la lucha de mi hijo, lo único que me quedaba en esta vida. Años después supe que su condena de cinco años había sido rebajada a 541 días de cárcel. Hubiera quedado libre el 26 de julio de 1975, 21 meses después de su ejecución. Pinochet es el principal responsable de todas estas muertes. Más que Arellano. Más que cualquier otro.»

«Sentí que todo el mundo era el asesino de Roberto.»

MARCOS BARRANTES, 28 años.

Hijo de **MARCOS BARRANTES ALCAYAGA, 26 años.** Tenía 8 meses cuando su padre fue ejecutado en La Serena. Sus restos fueron identificados en diciembre de 1998.

«A los cinco años, una vecina me contó que mi padre fue fusilado. Mi madre siempre me escondió la verdad. Cuando inició una nueva relación de pareja y nació mi hermanastro sufrí una crisis infantil y me fui a vivir a casa de mi abuela paterna.

Después viví la adolescencia en casa de una tía que era partidaria de Pinochet. Intentaba convencerme de que era un buen presidente. Yo me preguntaba, ¿por qué entonces mi padre había sido ejecutado?

Sólo cuando ingresé en la universidad salí del aislamiento en el que vivía. Empecé a indagar en la figura de mi padre. Todo el mundo hablaba de él con cariño y yo buscaba sus defectos.

Con la llegada de la democracia se hizo un entierro simbólico. Fui por primera vez a La Serena, a pesar de que vivía a una hora de camino. Por fin asumí su muerte. Hablé con su mejor amigo, quien me aclaró todas mis dudas sobre cómo era en realidad mi padre. En diciembre de 1998 se consiguió identificar los restos de las 15 personas fusiladas en La Serena. No se pudo encontrar su cuerpo completo. Nos enteramos de cómo murieron: los colocaron tumbados en el suelo boca abajo y abrieron fuego contra sus cabezas y tórax.

Mi tía *pinochetista* se sintió culpable. Siempre pensó que su muerte había sido justificada. Y ahora comprendía lo que había pasado. Después de 25 años, la familia volvía a juntarse alrededor de los restos de mi padre y se ponía punto final a la discordia. Su figura fue reivindicada en un acto público, en una misa y un entierro multitudinarios.

Es esencial que Pinochet sea juzgado para evitar que hechos parecidos se produzcan en el futuro. No siento odio. El odio carcome, pudre el alma. Pedí permiso al forense para guardar un poco de cabello de mi padre.»

*«Después de 25 años,
la familia volvía a juntarse
alrededor de los restos
de mi padre y se ponía
punto final a la discordia.»*

HILDA ROSAS SANTANA, 69 años.

Esposa de **MARIO RAMÍREZ SEPÚLVEDA**, 44 años, dos hijas. Profesor universitario ejecutado en La Serena. Sus restos fueron identificados en diciembre de 1998.

«Aun siendo dirigente del Partido Socialista, Mario no fue detenido hasta el 28 de septiembre de 1973, más de dos semanas después del golpe. Estuvo varios días incomunicado. Lo visité dos veces. Él rechazaba mis abrazos. Estaba lleno de golpes, desecho por las torturas.

Aquel 16 de octubre, alguien lo vio salir en el furgón camino de la muerte. Le compré galletas y chocolates para lanzárselos cuando regresase. Pero el furgón volvió vacío. Nadie me dijo nada hasta el día siguiente.

Mi marido era profesor universitario y cursó estudios de Derecho. Su pasión era la docencia. Era un hombre carismático, amado y querido, con extraordinarias condiciones oratorias, autor de libros de pedagogía. Todo el mundo se rendía ante su belleza.

Me enseñó a escuchar la música clásica y a entender el ballet. Encontré en él el hombre de la cultura, del saber, del amor. Tenía 42 años cuando me quedé sin él. Me quedé viuda con dos hijas de 15 y 14 años. Era muy joven y nunca más tuve otra relación.

Los recuerdos me han servido para aminorar el sufrimiento. Trabajo en la dirección de la Agrupación de Ejecutados Políticos en la capital chilena. Te sientes obligada a dejar tus problemas a un lado y preocuparte por los de los demás.

El 9 de noviembre de 1998 me enteré de que estaban exhumando cadáveres en La Serena. En los primeros días de diciembre, los restos estaban identificados. Una de mis hijas fue al reconocimiento.

No quise verlo. No fui capaz de romper la barrera. Quiero recordarlo como en las fotografías. No sé si es bueno o malo. Por eso quizá no siento que sus restos están ya enterrados. Igual no completé el ciclo. Aunque verlo hubiese sido peor.»

«No quise verlo. [...] No sé si es bueno o malo. Por eso quizá no siento que sus restos están ya enterrados. Igual no completé el ciclo. Aunque verlo hubiese sido peor.»

El 10 de octubre de 1989 varios familiares de víctimas de la «caravana de la muerte» sorprenden al general Sergio Arellano en la calle. Hilda Rosas le muestra un retrato de Mario Ramírez y le grita: «¿por qué mataste a mi marido?».

Cartas de **MARIO RAMÍREZ** desde la prisión de **La Serena. Los militares chilenos intentaron presentar a sus víctimas como personajes diabólicos.**

Profesor de la Universidad de Chile, se presentó voluntario en el cuartel militar tras dictar su última clase. Una vez encarcelado, escribió varias cartas a su familia. El papel que utilizó en su primera carta tiene membrete de la Universidad de Chile y fecha del 30 de septiembre de 1973. En un primer párrafo dice: «*Son avatares de la vida, indudablemente difíciles, pero que es necesario enfrentar con enterez, especialmente cuando ustedes son quienes mejor conocen al papito, incapaz de hacer daño a nadie e incapaz de cualquier acto de violencia, tanto física como moral e intelectual*». En otro párrafo añade: «*Lo importante en esta etapa injustamente cruel para todos nosotros es que no perdamos nuestra cordura, nuestra tolerancia, nuestra deferencia incluso para aquellas personas a quienes no podemos serles gratos*». Casi al final escribe: «*Siempre convencido que en el mundo no hay gente mala, sino equivocada, ignorante y falta de cultura, que son remediables a través de la educación, dentro de los valores humanos*».

Posteriormente fue torturado e incomunicado. El 15 de octubre dedicó un poema a su nieta Paolita. «*Cuando, ya madura, tu mirada vuelvas atrás, dirás que la vida es, a la vez, llanto y sinfonía*» escribió como si presintiera la muerte. Las torturas le hicieron perder la noción del tiempo. En su última carta, fechada el domingo 16 de octubre, cuando en realidad era martes, le confesó a su esposa Hilda: «*No sabes cuánto te recuerdo y te echo de menos*». Horas después fue ejecutado.

UNIVERSIDAD DE CHILE

Mis queridas mamitas:

Hoy Domingo les mando estas líneas para decirles que el papito está bien, sin problemas mayores que los propios de una detención en una cárcel. — Son avatares de la vida, indudablemente difíciles, pero que es necesario enfrentar con entereza, especialmente cuando Ustedes son quienes mejor conocen al papito, incapaz de hacer daño a nadie e incapaz de cualquier acto de violencia, tanto física como moral o intelectual. — Ustedes saben que siempre el papito ha sostenido la tolerancia, el buen criterio, la tranquilidad, la discusión honesta. — Ustedes saben muy bien que el lema permanente del papito ha sido: "Lo cortés no quita lo valiente". —

En fin, para qué repetir como él ha sido. —

Lo importante en esta etapa injusta cruel para todos nosotros, mamita y las chicas y papito es que no perdamos nuestra cordura, nuestra tolerancia, referencia incluso para aquellas personas no podemos serles gratos. —

Ahora algunas cosas divertidas: para ____ piensa que estoy en ____ ____ me mand____ ____ ____ ____ vece____ ____ ____ amit____

Mamita mía: te escribo para decirte que te quiero mucho; ahora que estoy solo encerrado sé que siempre te he adorado. Perdona todo lo que te he hecho sufrir. Cuida a Anita María, a Quita y a pequeña Paolita. — Recibe el beso más grande y cariñoso que nunca antes te di. — Pide a Jorge y Sergio que vengan ____ ____ esitos a mis otras mamitas ____ cas. — También a Miriam y ____ quito. — Hasta pronto mi amor de ____ pre. Papito Mario.

13/X/73.

[columna derecha superior]

____ ____ ____ ____ ____ ____ ____ ____ de mi conducta personal. Y dejar pedir un Certificado a Jaime Pozo, en calidad de Secretario General U. de Chile, Serena, por el cual acredite conocerme, constancia de mis condiciones de académico, ____ de espíritu amplio y tolerante, y de ____ de afán de servicio a los demás. — ____ un Certificado de Honorabilidad al abogado Romeral de CAP. Romeral. — O dos estos Certificados, pedirlos ____ val y 2 copias, firma y timbre original hacerlo llegar a Santi____ y una copia a ____.

UNIVERSIDAD DE CHILE

Mis queridas mamitas:

Aquí estamos en un día más; estoy bien; algo resfriado, debido a que hay muchos detenidos agrupados y, como es natural, se produce el contagio. — Traten de enviarme aspirinas, salofeno y pastillas bucales. —
Creo que Ustedes estarán sin novedades, junto a Paolita, a quienes deseo ver muy pronto. —

Mamita Hilda:
Te ruego escribas a Carmen o le pongas un telegrama pidiendo que haga lo siguiente:
Que vaya a la YMCA y hable con el Secretario General Sr. Hernán Emeres; se presente como mi cuñada, dígale que le envío muchos saludos y que por ____ ____ que le envía muchos saludos y dos copias ____ ____ ____ tificado (original y dos copias de Mario Ramírez Sepúlveda ____ ____ sacado de la Asociación Cristiana ____ ____ ____ 1950, más o menos. —
____ ____ la Central de la U. de Chile y pida a Xenia Lezaeta (rector de Sec____ dígale de mis saludos y le pida ____ ____ dígale que fui miembro titular ____ Nacional de Apelaciones de Conc____ — 1 original y 2 copias. — Ob____ ____ ____ Educación, y a ____ ____ ____ General.

[columna central inferior]

____ te escribo hoy Domingo aprovechando un pedacito de la ventanita de la ____ (5 cm x 10 cm). — No sabes cuánto te echo de menos. — Espero ____ miércoles 19 podré abrazarte y ____ estoy bien; algo flaco y muy ____ — Espero que tú estés tranquila lo mismo que mi querida ____ ____ muchos besos grandes para ____ — Cariños a Miriam y Kikito. —
Papito Mario

GUILLERMINA CEPEDA, 75 años.

Esposa de CARLOS ALCAYAGA VARELA, 38 años. Dirigente sindical y albañil. Tenía siete hijos. Fusilado en La Serena. Sus restos fueron encontrados en 1998 en una fosa común.

«Me quedé viuda con siete hijos, entre 16 y 4 años.»

«Carlos escuchó a Allende por radio y me dijo: *«Mi hijita, vamos a defender nuestro gobierno. Nos costó mucho conseguirlo y no es justo que lo perdamos»*. Fue a diferentes minas a avisar a los trabajadores de lo que pasaba en la capital.

El 13 de septiembre fue detenido por carabineros. Revisaron nuestra casa y no encontraron nada. Siempre se había opuesto a la utilización de armas. Unas horas después recobró la libertad. Por la tarde regresaron a por él: *«Carlos, te venimos a buscar. Te necesitamos para una declaración. Ponte algo grueso»*.

Lo vi tres veces. Iba siempre con seis de mis hijos. Al mayor, de 16 años, nunca le dejaron entrar. Un día conversó con Yuri, su segundo hijo varón. Le encargó que cuidara de la casa, de su madre y sus hermanos, que hiciera el papel de mayor con los más pequeños. Había sido condenado a 20 años y sabía que lo iban a relegar.

Aquel día la cárcel era una lloradera. *«Está ejecutado»*, me dijeron. No entendí la palabra y pregunté lo que significaba: *«Ha sido fusilado»*, me respondieron con frialdad. *«No se lo van a entregar»*, me contestó un militar cuando pedí su cuerpo.

Lloramos mucho y juramos no llorar nunca más. Mi marido me había pedido que abandonásemos Vicuña, un pueblo de derechas, para evitar ser heridos por las calumnias que iban a levantar contra él tras su condena.

Nos venimos a La Serena. Cambiamos de casa y de colegio. Fue muy duro porque nadie daba trabajo a familiares de ejecutados. Me quedé viuda con siete hijos, entre 16 y 4 años. Félix Enrique, mi hijo mayor, enfermó. Meses después intentó escapar del país. Me lo devolvieron desde la frontera porque no llevaba una autorización paterna. Nunca pudo reponerse de la pérdida de su padre.»

MARLINDA ALCAYAGA, 36 años.

Hija de CARLOS ALCAYAGA.

«Mi hermana decía que había que luchar por los mismos ideales que nuestro padre.»

«'Mira, aquí lo dice, mataron a tu papá'. Me enteré en el colegio, leyéndolo en el diario. Volví a casa y se lo dije a mi hermana Oriana, que hoy está presa. Me quitó el diario y me pidió que se lo ocultáramos a nuestro hermano mayor. Félix pasaba todo el día llorando porque no le dejaban ver a su padre durante las visitas a la cárcel. Cuando se enteró se volvió como loco. Iba al cementerio y ponía flores en una huesera. Pensaba que los restos de nuestro padre estaban allí. Mi hermana Oriana se casó dos años después de la ejecución. Era una niña de 16 años. La relación con su marido fue un desastre. Tuvieron tres hijos (el mayor tiene hoy 22 años) y se separaron en 1989 tras años de aguantar palizas y borracheras.

Cuando el país recuperó la democracia en 1990, se sintió frustrada tanto política como personalmente. No encontraba respaldo a nuestras peticiones de justicia. Empezó a colaborar con el Mapu Lautaro (nuestro padre había sido dirigente del Mapu Obrero Campesino).

El 21 de octubre de 1993 fue detenida tras un enfrentamiento en el que murieron cuatro civiles, un carabinero y tres miembros del grupo armado.

Su situación judicial es bastante complicada. Está cumpliendo una condena de 15 años por infringir la ley antiterrorista y tiene pendiente otra condena de seis años. En otra causa, ha sido condenada en primera instancia a cadena perpetua. Creo que hay una relación directa entre la muerte de mi padre y su situación personal. La impotencia y la rabia le influyeron para buscar apoyo en el grupo armado. Siempre decía que había que luchar por los mismos ideales que nuestro padre.

En abril de 2000 escribió una carta pública. En ella decía: *'Mi padre fue un gran dirigente sindical y político que luchaba junto al pueblo por sus derechos. Tengo nostalgia de esos tiempos, cuando veía a mi padre salir a la calle. Muchas veces le acompañé. Aunque era una niña de 12 años, sentía la fuerza de su lucha y su entrega. Luchaba por la dignidad y la conciencia de los pueblos...'*»

COPIAPÓ
17/X/1973

La «caravana de la muerte» llegó a Copiapó el 16 de octubre de 1973 a las 20.00 horas, poco después de producirse la masacre de La Serena. Dieciséis prisioneros fueron ejecutados en la madrugada del 17 de octubre y enterrados clandestinamente en varias fosas comunes del cementerio. Pocos meses después de que Chile recuperara la democracia en marzo de 1990, los familiares consiguieron una orden judicial para abrir las fosas y recuperar los restos de los prisioneros.

«Se ensañaron con ellos. Había cráneos y costillas rotas, a algunos esqueletos les faltaban brazos y manos y a uno la cabeza», recuerda Julio Hernández, ex prisionero político y amigo de varios de los ejecutados.

En Copiapó, los miembros de la «caravana de la muerte» utilizaron cuchillos para matar y descuartizar a sus víctimas. La muerte fue lenta y atroz.

Ricardo García, Benito Tapia y Maguindo Castillo, tres de los ejecutados, habían sido condenados a la pena capital en un consejo de guerra sin garantías procesales. Según testimonios recogidos en el sumario, Arellano increpó a los jefes militares de la zona por no haber fusilado a los prisioneros y ordenó que se cumpliese la sentencia inmediatamente.

Los restos de los tres nunca han sido encontrados.

Luis Segovia y Agustín Villarroel no fueron ejecutados por la «caravana de la muerte». Fueron fusilados en Tocopilla y sus restos trasladados a Copiapó, su ciudad natal.

✝ 17 · OCTUBRE · 1973

US VOCES RESONARAN A LO LARGO DE TODA LA HISTORIA:

LEONELLO VICENTI CARTAGENA
ADOLFO PALLERAS NORAMBUENA
PEDRO PEREZ FLORES
MANUEL CORTAZAR HERNANDEZ
ALFONSO GAMBOA FARIAS
WINSTON CABELLO BRAVO
FERNANDO CARVAJAL GONZALEZ
AGAPITO CARVAJAL GONZALEZ
EDWIN MANCILLA HESS
RAUL GUARDIA OLIVARES
LEOPOLDO LARRAVIDE LOPEZ
JAIME SIERRA CASTILLO
ATILIO UGARTE GUTIERREZ
MAGUINDO CASTILLO ANDRADE
RICARDO GARCIA POSADA
BENITO TAPIA TAPIA
LUIS SEGOVIA VILLALOBOS
AGUSTIN VILLARROEL CARCAMO

ROLLY BALTIANSKY, 68 años.

Esposa de **RICARDO GARCÍA POSADA**, 43 años, dos hijas. Ingeniero, economista y militante socialista. Funcionario de la Cepal (organismo de la ONU) y gerente general de la mina estatal de cobre de El Salvador. Ejecutado en Copiapó. Sus restos siguen desaparecidos. Su hija Ximena se suicidó en marzo de 1990.

«Ricardo García, militante socialista, era gerente general de la mina de cobre de El Salvador, la tercera más importante de Chile. El 12 de septiembre, un día después del golpe, pidió a los trabajadores que abandonaran la mina y entregó su renuncia.

Fue detenido dos días después y trasladado a la cárcel de Copiapó. Durante su encierro dio clases de matemáticas a los presos y empezó a tallar un juego de ajedrez en madera. Sólo pudo hacer cuatro piezas.

Era tan ingenua que contraté a un abogado para que lo defendiera en el consejo de guerra. El mismo 16 de octubre fui a verlo a la cárcel y me informaron que lo habían trasladado al regimiento. Allí no me dejaron entrar, pero lo ví en el patio caminando maniatado y custodiado por dos militares. Le grité y él con gestos me pidió que me fuese. Esa fue la última vez que lo ví. El terror me impidió dormir en toda la noche.

A la mañana siguiente escuché el despegue de un helicóptero. Hoy todavía me late el corazón y la angustia se apodera de mí cuando escucho un ruido parecido.

María, la esposa de Benito Tapia, vino a verme y me enseñó el diario con la lista de 13 de los fusilados. Sin embargo, no estaban ni Benito ni Ricardo. Me fui al regimiento. Más tarde llegó María gritando: «*Los mataron, los mataron*». Tenía un papel escrito a máquina, sin firma y sin timbre, en el que se podía leer que nuestros esposos habían sido fusilados por 'orden de la honorable Junta de Gobierno'.

«Cuando mi hija se suicidó [...] sentí de nuevo cómo el brazo funesto de la dictadura me volvía a alcanzar.»

Nos fuimos al cementerio. Allí vimos tres fosas tapadas y sus nombres en unas cruces (Maguindo Castillo era el tercero). Hicimos los trámites rutinarios y pagamos los costes de las tumbas. En 1990 se abrieron las fosas y sólo aparecieron 13 de los 16.

Ximena podría haber tenido una vida extravagante porque era artista, pero nunca hubiera pensado en el suicidio si su padre no hubiera sido ejecutado. No me atreví a contarle lo que había pasado hasta años después. Le dije que se había quedado en el país *peleando* contra los golpistas.

Un año después del golpe y antes de que ella viese las imágenes del aniversario del bombardeo de la Moneda en la televisión de México donde vivíamos exiliados le conté la verdad, aunque le dí una versión quizá más heroica: le dije que su padre se había quedado defendiendo la mina y había muerto en el combate.

Ximena dibujó la cordillera de los Andes, a Salvador Allende y a su padre juntos. Se podía también ver un brazo disparándoles del que surgía el emblema de Patria y Libertad, el grupo de extrema derecha.

Ximena volvió a Chile en 1980, con 14 años. Sentía que carecía de identidad. Besó la tierra chilena cuando se bajó del avión. Creo que vino para convencerse de que su padre había muerto. Visitó los lugares donde habíamos vivido y pasó mucho tiempo en el cementerio ante la fosa común donde supuestamente estaba su padre enterrado. Después de un año regresó a México.

A los 20 años sufrió un brote psicótico. (En la casa hay varias pinturas. En una pintó a su padre rodeado por las piezas de ajedrez que construyó en la cárcel. En otra, pintó a varios niños solos, con miradas taciturnas.)

Siempre transmití a mis hijas el amor por la vida. Pinochet y los militares eran la muerte. Cuando mi hija se sui-

cidó en marzo de 1990 en México, sentí de nuevo cómo el brazo funesto de la dictadura me volvía a alcanzar. Nunca logré escapar de ellos. Es una herida de la que nunca me recuperaré.

No tengo ninguna intención de reconciliarme ni de perdonarlos. Cómo pueden hablar de perdón. Nunca han reconocido sus responsabilidades ni han sido capaces de aceptar que mataron a seres inocentes.

No estoy contenta con la actitud de los socialistas. Han sido muy ambiguos. Me hubiera gustado escuchar declaraciones más claras. Se ha conseguido el enjuiciamiento de Pinochet gracias a su detención en Londres y al trabajo de Joan Garcés, ex asesor de Allende y de Baltasar Garzón. Puedo asegurar que no fue gracias a Eduardo Frei o Ricardo Lagos (anterior y actual presidentes de Chile).

Hay cosas que son imperdonables. Cómo puede definir el presidente Lagos un golpe de Estado con miles de muertos como un gran desencuentro. Esa palabra se usa para los desencuentros amorosos. Muchos socialistas sólo están interesados en el poder; son unos oportunistas.»

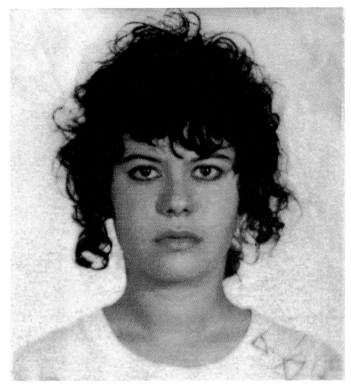

Ximena García.

PAULA GARCÍA, 29 años.

Hija de RICARDO GARCÍA, ejecutado en Copiapó, hermana de Ximena García, que se suicidó en México. El cadáver de su padre nunca fue encontrado.

«Lo que más me duele es no tener recuerdos de mi padre. Era tan niña. He armado un rompecabezas con todo lo que me han contado. Con las historias de otras personas. Es muy frustrante. A los 17 años me di cuenta de que había idealizado la imagen de mi padre. Quería un ser humano y no un Dios sin defectos. El acercamiento al ser humano no me decepcionó, al contrario,

me alegró. Nunca había soñado con él. Por fin bajaba del pedestal y se convertía en una imagen real. Aunque a todo el mundo le costó encontrar defectos.

Un día vi una película en la que el niño protagonista veía morir a su padre. Sentía su dolor aunque al mismo tiempo me parecían extraños esos sentimientos porque nunca he sabido cómo es la relación con un padre.

Tuve una estrecha relación con mi hermana. Siempre estuvimos muy unidas. Ella me llevaba a *pololear* (de novios). Yo era su confidente. Me protegía. La pérdida de nuestro padre fue terrible para ella. En un par de ocasiones lloramos juntas mirando una foto de papá. Tenía un carácter conflictivo. Pintaba, tenía madera de artista y era extravagante. Quizá por ello no nos dimos cuenta de que estaba cambiando.

Un día llegamos a casa y la encontramos hablando con el espejo. Estaba en otro mundo. Se encerraba en el lavabo y hablaba con los personajes que veía en el espejo. La crisis estaba latente desde que ocurrió la muerte de nuestro padre. Sentí que ya no era mi hermana. No murió cuando se suicidó sino cuando enfermó. A veces tenía chispazos de conciencia, pero su enfermedad se fue agravando.

Los médicos recomendaron a mi madre que me apartase de ella y me fui a vivir con un tío. Ximena escribía compulsivamente las mismas frases una vez tras otra. La noche anterior a su muerte le preguntó a mi madre si podía dormir con ella. Mi madre descubrió que había escondido aguarrás y cerillas en un lado del colchón. En su locura, su intención era salvar a su mamá, matándola. Esa noche no ocurrió nada.

A las nueve de la mañana, me llamó mi madre muy alterada: *«La Ximena me está amenazando con el suicidio»*. Cuando llegué a casa ya estaba encerrada en su cuarto. Comenzó a salir humo. Intenté abrir la puerta. El cuerpo inerte de mi hermana lo impedía. Tampoco me atreví a entrar. Comencé a llorar. Mi madre regresó con algunos vecinos y gritó: *«Está muerta»*. Me quedé bloqueada y dejé de llorar durante meses.

Su muerte cerraba el ciclo de violencia que se inició con el asesinato de mi padre. Las dos muertes se resumían en una. Era marzo de 1990. Hacía menos de una semana que Chile había recuperado la democracia. Durante meses no pude dormir sola. Cuando llegaba el anochecer empezaba la angustia y tenía pesadillas horribles. Meses después, en septiembre de 1990, volvimos a Chile desde el exilio en México donde había vivido desde los 3 a los 20 años.»

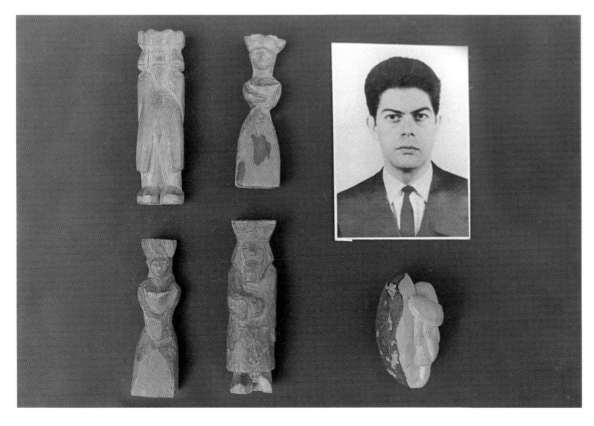

«He armado un rompecabezas con los recuerdos de otros.»

Retrato de Ricardo García junto a las piezas de ajedrez que él talló durante su estancia en la cárcel.

LAURIANA HONORES.
A la derecha, su hija
MIRTA; a la izquierda
sus hijos **ARMANDO**
y **NILDA.**

LAURIANA HONORES, 61 años.

Esposa de MAGUINDO CASTILLO ANDRADE, 40 años, cuatro hijos. Mecánico. Dirigente sindical y militante del partido socialista. Ejecutado en Copiapó. Sus restos nunca han aparecido.

«Lo sacaron de casa como si fuese un criminal.»

«Fue detenido el 15 de septiembre. Lo sacaron de la casa como si fuese un criminal a las doce del día. Las hijas pequeñas se agarraron a sus pies y manos y los militares las separaron a golpes. Mis hijos mayores estaban en la escuela. Una vecina me dijo: *«Se lo llevan para matarlo»*.

Estuvo 15 días incomunicado. Lo visité en la cárcel de Copiapó. Nunca fui con mis hijos y hoy me arrepiento. La última vez que vi a Maguindo fue el 12 de octubre. Mi deseo era abrazarlo, pero él no se dejaba. Estaba muy pálido y demacrado. Nos mirábamos sin poder hablar. Tras su muerte, me dijeron que debía sacar el certificado de defunción. El informe decía que había recibido varios impactos de bala en la cabeza y el tórax. Me mostraron un ataúd azul cerrado en el cementerio. Quería saber si era él, pero me echaron de allí. Fui a comprar un ramito de claveles rojos y cuando regresé Maguindo ya estaba enterrado. Había tres fosas tapadas.

Me quedé con cuatro hijos entre 14 y 4 años. Nos convertimos en la peste para todos. Me obligaron a entregar la casa que pertenecía a la empresa.

En 1990 exhumaron los cadáveres y fue cuando supimos que allí habían enterrado a otras personas. En esas fosas nunca habían estado ellos.»

ARMANDO CASTILLO. Tenía 14 años cuando mataron a su padre.

«Sólo quiero encontrar su cuerpo y darle una sepultura.»

«Nunca pensamos que nuestras Fuerzas Armadas podían llegar a la barbarie. Los 13 cadáveres de Copiapó que fueron encontrados lo demuestran. Ninguno tenía impactos de bala. Todos fueron asesinados con cuchillos y sables. Algunos cuerpos aparecieron sin cabezas, brazos o piernas. Todos los cadáveres presentaban cortes profundos en el bajo vientre.

Es doloroso no saber qué sucedió con ellos. No tengo afán de venganza. Sólo quiero encontrar el cuerpo de mi padre y darle una sepultura. Somos católicos. Queremos perdonar a nuestros deudores, pero antes debemos saber quiénes son.

Tenía 14 años. Estudiaba en otra ciudad. Dos tíos míos entraron en mi habitación y me dijeron: *«Los 'milicos' mataron a tu papá en Copiapó»*. No pude llorar ni fui consciente de lo que había pasado.

Más tarde me di cuenta de que habían matado mi inocencia. Con la ejecución de mi padre destruyeron mi infancia, mis aspiraciones, mi futuro, las creencias en mi patria y en mi bandera, derrumbaron todos los valores que mi padre me había transmitido con tanto amor y sacrificio.

Tuve que abandonar los estudios. Quería ser arquitecto, construir casas y construir mi país. Esas fueron siempre mis aspiraciones. Mis hermanos pudieron estudiar gracias a las becas que el gobierno democrático facilitó como reparación a los familiares de las víctimas. Yo había superado la edad mínima y no pude acceder a la universidad. No se me dio la oportunidad que me quitaron a los 14 años. Estoy dolido con este sistema.

Quiero encontrarlo y sepultarlo para poder decirme: aquí está mi padre y voy a dejarle una flor.»

MIRTA CASTILLO. Tenía 8 años cuando ejecutaron a su padre.

«Odio todo lo que tenga relación con los militares.»

«A un muerto se le vela y se le sepulta. Es un rito. Es como cumplir el último deseo de la persona. El dolor con el tiempo se disipa.

Tenía ocho años cuando vi cómo lo sacaban de la casa. Nunca podré olvidar ese momento tan espantoso. Golpearon las puertas, entraron sin permiso, iban armados. Jamás podré perdonar. Odio el uniforme y todo lo que tenga relación con los militares. Esa rabia se la he transmitido a mis dos hijas de 19 y 11 años. Necesito que compartan lo que yo siento.

En 1990 regresamos a Copiapó durante la apertura de la fosa común. Sabíamos que no lo íbamos a encontrar tal como se lo habían llevado. Pero la realidad fue peor que una película de terror. Habían algunos decapitados, a otros les faltaban manos y pies. Compartimos el dolor con otras familias. Pero no encontramos a mi padre.

Una busca esa parte que le falta en las relaciones que establece con el paso del tiempo. Busca en los hombres que conoce el padre ausente y eso determina los fracasos posteriores. Rompí con mi esposo y después tuve otra pareja que era mucho mayor que yo. También fracasé. Esa imagen paterna que me ha faltado ha podido influir en todos estos fracasos.»

NILDA CASTILLO. Tenía 4 años cuando mataron a su padre.

«Cuando supe que no estaba me sentí de nuevo derrotada.»

«A mi papá le apuntaban con cuatro metralletas. Yo le seguía por toda la casa. Pensaba que lo iban a matar. Miré por la ventana y fue la última vez que lo vi. Nunca hablé sobre la detención. Los uniformes me dan miedo. Mi tío suplió la falta de mi papá.

Fui consciente de que a mi padre lo mataron en 1990. Hasta entonces siempre pensé que lo iba a ver vivo. Con 22 años, visité a un vidente, un charlatán que echaba las cartas. Le llevé una foto de mi padre, le conté lo que había pasado, me dijo que estaba vivo. Me dijo tantas tonterías que de nuevo recobré la esperanza de encontrarlo vivo. Me hizo mucho daño.

Estoy estudiando psicología. Mis profesores me han ayudado bastante. He participado en terapias. Mi marido tiene 17 años más que yo. A lo mejor me aferré a él en mi búsqueda de un padre.

En 1990, estábamos en la puerta del cementerio esperando a que nos llamasen para identificar los restos de mi padre. Cuando me enteré de que no estaba, me sentí de nuevo derrotada. Iba siempre a las exhumaciones. Veía cómo sacaban los restos. Una vez me mostraron el cráneo de un hombre y la doctora forense me demostró que no podía ser mi padre. A veces parecía que íbamos a encontrarlo. Luego, todo se desvanecía de nuevo.»

JESSICA TAPIA CARVAJAL, 34 años.

Hija de BENITO TAPIA, 31 años. Empleado en Cobresal, mina de El Salvador. Dirigente Nacional de la Confederación de Trabajadores del Cobre. Ejecutado en Copiapó. Sus restos nunca han aparecido.

«Tenía 8 años cuando militares con las caras pintadas vinieron a detener a mi padre. Días después, mi madre se vistió de negro. Me resultó muy extraño porque ella nunca utilizaba ese color. Una compañera de la escuela me dijo que mi papá estaba muerto. Entonces entendí todo lo que había pasado.

Nunca nos entregaron el cuerpo ni vi su tumba. Sólo tengo un certificado de defunción. En 1990 aparecieron los cuerpos de 13 de los 16 fusilados. Pero mi padre no estaba. En 1998 volvimos de nuevo a buscarlo en el cementerio, pero no encontramos nada.

Cada vez que me encuentro a alguien que lo conoció intento reconstruir su imagen como si fuera un rompecabezas. La muerte de mi padre ha influido mucho en mi vida. Me casé con un hombre diez años mayor que yo cuando tenía 16 años. Tuvimos tres hijos. Nos separamos diez años después. Me di cuenta de mis sentimientos verdaderos: busqué siempre en él la protección paterna.

Tengo miedo a la ausencia repentina, al vacío. Busco la estabilidad emocional y la tranquilidad eterna. Crecí pensando en su vuelta. Nunca tuve la certeza de su muerte. Quizá era una forma de autoprotegerme. En 1990 comencé a asumir su muerte. Necesité la asistencia de un psicólogo. Pensaba que lo había superado. Por eso *me da lata* volver a llorar de nuevo durante esta entrevista.

El paso del tiempo no cura las heridas. Encontrar sus restos haría más llevadera mi vida. Pero prefiero que haya justicia a que aparezcan sus restos.

Hoy me alegro de que la causa de mi padre sea una de las 19 que han conseguido el desafuero y el enjuiciamiento de Pinochet. Creo que se trata de un juego jurídico aunque quizá es el único camino para buscar una justicia que no vamos a lograr. Pero nunca existirá satisfacción que compense y reponga la pérdida de mi padre.»

«Prefiero que haya justicia a que aparezcan sus restos.»

SARA BEECHER, 52 años.

Esposa de JAIME SIERRA, 27 años, publicista. Una hija. Ejecutado en Copiapó. Sus restos fueron encontrados e identificados en 1990.

«Lo vi en la cárcel de Copiapó derrumbado, desencajado y pálido. Las marcas de la corriente eléctrica rodeaban sus muñecas. Me dijo: *«No llores porque me haces más difícil la situación aquí»*.

Esperábamos cuatro horas mi hija y yo para verlo y nos daban cinco minutos.

Tras su muerte me quedé aislada sin posibilidad de encontrar un trabajo. Me señalaban como la mujer del *terrorista*. Tenía dos hijas, la mayor de seis años, nacida en una relación anterior. A los tres meses de su ejecución pensé en matarlas y en suicidarme.

Su muerte me marcó para siempre. Fue el gran amor de mi vida. He tenido otras relaciones posteriores, pero ninguna me ha llenado como la de Jaime. Mi vida ha sido un caos. Una vez pedí una beca para mi hija. Presenté todos los papeles necesarios. Rechazaron la petición cuando vieron el certificado de defunción de Jaime.

Encontramos su dentadura y algunos huesos pequeños. Pero esos huesos tuvieron una vez vida. Yo estuve en sus besos y abrazos. Cuando sueño siempre intento abrazarle y él, muy enojado, se va. A veces deseo soñar con él con la ilusión de verlo contento.

Jaime siempre me decía que las únicas personas que valen son aquellas que tienen ideales. Pero yo nunca he participado en ninguna manifestación ni me he metido en política.

Mi suegra se avergonzó durante mucho tiempo de la muerte de su hijo Jaime. Pensaba que era un delicuente. Quiso romper con el pasado. Rompió sus discos, sus fotos. Rompió con nosotras.

Lo triste es que sigo sin encontrar mi camino.»

«[...] esos huesos tuvieron una vez vida. Yo estuve en sus besos y abrazos.»

Carnet de identidad encontrado junto a los restos de Jaime Sierra en la fosa común.

ADI ARAYA, 63 años.

Esposa de **ALFONSO GAMBOA FARIAS**, 35 años, periodista y profesor. Tenían dos hijos. Ejecutado en Copiapó. Sus restos aparecieron en 1990 en una fosa común.

«Es como si presintiera lo que iba a pasar. Me dio un poder para cobrar su último sueldo de profesor. Tuvo que hacer tres veces su firma con un pulso que no dejaba de temblar. Me dijo que le habían torturado.»

«En la cárcel teníamos cinco minutos para conversar. Un día me pidió que le comprara unos zapatos de invierno. Había rumores de que iban a ser trasladados a la isla de Dawson. Aparecí el martes de 16 de octubre de 1973 con los zapatos nuevos. Lo encontré demacrado y con el pelo muy corto. *«Aquí dentro se respira un ambiente muy pesado. Dile a mi madre y a mis hermanas que vengan a verme.»*
Es como si presintiera lo que iba a pasar. Me dio un poder para que pudiera cobrar su último sueldo de profesor. Tuvo que hacer tres veces su firma con un pulso que no dejaba de temblar. Me dijo que le habían torturado.
Tras la ejecución de Alfonso, su familia me acusó de ser la responsable por inducirle a meterse en política. Me volví muy posesiva con mis hijos. No teníamos nada para comer. Recibí ayuda de la Cruz Roja Internacional y años después conseguí que mis hijos estudiasen en la universidad con becas.

Hasta que encontraron los restos en 1990 mantuve una leve esperanza de que siguiera con vida. No me importaba si estaba mutilado. Me conformaba con que estuviera vivo.
Pero la identificación de los restos en 1990 fue muy dura. Meses antes habían encontrado cuerpos momificados en Pisagua, un campo de concentración del norte de Chile. Los cadáveres estaban intactos allí. Pero aquí sólo había pedazos de ropa mezclados con huesos.
Encontramos su columna vertebral. No pudimos formar un esqueleto completo. Su cabeza no estaba. Al principio de la identificación pusieron otra por equivocación. Supe que no era de él porque tenía la dentadura perfecta. Pude recuperar uno de sus anillos.
Me conformé con lo que había. Al menos tengo un lugar para conversar con él, para dejarle una flor.»

ADI GAMBOA, 35 años.

Hija de **ALFONSO GAMBOA FARIAS**.

«Después del entierro, sentí una paz muy profunda.»

«Mi madre me preparó antes de darme la noticia de su muerte. Mi memoria se quedó blanca. Sólo recuerdo escenas puntuales a pesar de que ya tenía siete años y mi padre hacía mucha vida familiar. Olvidé su voz hasta que un día mi madre me puso una cinta y sentí un estremecimiento.
Cuando mataron a mi padre también mataron mi niñez. Su ausencia me ha perseguido desde entonces. Pronto

me convertí en una *chica vieja* que no iba a los bailes y apenas salía de casa. Siempre busqué una persona que fuese igual a mi papá, que era un *siete* (la nota escolar más alta en Chile). Lo encontré hace tres años.
Mi pareja, que es doce años mayor que yo, viste de forma impecable, con corbata, siempre bien peinado y con las uñas limpias. Es muy paternal, me cuida y se preocupa cuando sufro, le llamo siempre *papá*, de forma cariñosa.

Soy incapaz de llamarle *mi amor*. Soy profesora en la universidad igual que mi padre.

Cuando encontramos sus restos fue dramático y bonito a la vez. Había unos pocos huesos y había sido decapitado. Intentaba conversar con él. Trataba de volver a la niñez. Lo recordaba llegando de noche y comiendo un sándwich en la cocina. Lo imaginaba canoso y más gordo. Fue un alivio saber la verdad.

Después del entierro, sentí una paz muy profunda.»

ADA SANTANA GONZÁLEZ, 47 años.

Pareja de **ADOLFO PALLERAS NORAMBUENA**, 27 años, Comerciante. Ejecutado en Copiapó.
Sus restos aparecieron en 1990 en una fosa común.

«La noche antes de ser detenido me dijo que iba a morir como el Che Guevara. Fue incomunicado y no pude volver a verlo. Me enteré de su ejecución por la radio. Durante semanas fui al cementerio en busca de la tumba ilegal. Un día escuché: *«Pensar que Ada entregó a Adolfo».* La familia Palleras aceptó esta versión durante muchos años y yo nunca tuve la posibilidad de convencerles de mi inocencia.

Todos nos fuimos de Copiapó y sólo en 1990 nos encontramos de nuevo coincidiendo con la exhumación de sus restos. Fue cuando Mónica Palleras, hermana de Adolfo, le confesó a su madre lo que en realidad había pasado. Dijo públicamente que en octubre de 1973 la torturaron hasta que lograron saber dónde se escondía Adolfo, detenido poco después.

Seis años después de su ejecución volví a relacionarme con un hombre, 20 años mayor que Adolfo. Como dudaba de su muerte, mi pareja me preguntaba: *«¿Qué vamos a hacer si él regresa?».* En mis sueños, lo veía llegar desde lejos, muy flaquito.

Después de la exhumación me quedé tranquila. Puedo ir a su tumba y dejarle una flor, pero no me conformo con ello: los culpables tienen que pagar sus crímenes.

Pololeamos más tiempo del que estuvimos casados. Él deseaba tener hijos y yo estaba en tratamiento médico. Uno de los hijos que tuvo con su primera esposa (Sonia Cisterna) había muerto ahogado un año antes. De Jaime Toro, su otro hijo, no sabía nada desde hacía años. En 1990 vino a la exhumación. Fue impresionante: era calcado a su padre (Adolfo Palleras).»

«En 1990, su hijo vino a la exhumación. Fue impresionante: era calcado a su padre.»

SONIA CISTERNA, 52 años.

Primera esposa de ADOLFO PALLERAS NORAMBUENA.

«Me enteré de su muerte con 15 años de retraso.»

«En 1967 Adolfo y yo ya teníamos dos hijos. Después de una crisis, decidimos separarnos y cada uno se quedó con uno de los niños. Los abuelos paternos se encariñaron con Leopoldo e influyeron para evitar los contactos entre nosotros. Temían que yo quisiera recuperar a mi hijo mayor. Era casi una niña cuando nos separamos. Mi familia siempre se opuso a mi relación con Adolfo. En 1988, el diario opositor *Fortín Mapocho* publicó una gran lista con los nombres de los ejecutados bajo un titular: 'Ellos no votarán'. Fue así como me enteré de que Adolfo llevaba 15 años muerto. Pensé en mi otro hijo del que no sabía nada desde nuestra separación.

Fui al diario y allí me recomendaron que me presentara en la oficina de la Comisión Chilena de Derechos Humanos. Tras una larga entrevista, me dijeron que mi hijo Leopoldo había muerto ahogado en 1972.

Quizá sea difícil entender lo ocurrido, pero hay que conocer las circunstancias que vivimos tras el golpe. Nos echaron de nuestra casa, mi marido se quedó sin trabajo. Vivimos 10 años en un campamento ilegal en condiciones de supervivencia, sin luz ni agua.

No viví la represión junto a Adolfo, pero quedé conmocionada cuando escuché los testimonios de otros familiares.»

JAIME TORO, 34 años.

Hijo de ADOLFO PALLERAS NORAMBUENA.

«Hubiera preferido saber la verdad desde pequeño.»

«Mi madre nunca me dijo que yo tenía otro padre. Cuando apareció la lista publicada en 1988, mi padre (a quien yo siempre había llamado papá desde que tenía uso de razón) me contó la verdad. Al principio, no me lo tomé muy en serio.

Pero empecé a indagar en el interior de mi partido (el MIR) y así supe que mi padre fue un reconocido dirigente poblacional. Después viajé al norte y encontré la tumba de mi hermano Leopoldo en el cementerio de Caldera.

Hubiera preferido saber la verdad desde pequeño. Hubiese sido más fácil de aceptar aunque entiendo que mi madre me la ocultara.

Tengo sentimientos contradictorios sobre mi padre. Me emocionó saber que militaba en el mismo partido que él, pero me dio rabia su actitud irresponsable con nosotros. Militaba en un partido donde el dolor del pasado siempre estaba presente. Nos sentíamos vinculados emocionalmente con los ejecutados de ese tiempo. Y de repente descubrí que uno de ellos era mi padre.

En 1990 no quise ver sus osamentas. Me dije: *«Si no conocí a mi padre, por qué tengo que conocer sus restos».»*

ANTOFAGASTA
19/X/1973

La siguiente escala de la «caravana de la muerte» fue Antofagasta.
El helicóptero aterrizó el 18 de octubre de 1973 a las 10.00 horas.
Ese mismo día, Pinochet también hizo una escala técnica en la ciudad.
Sin que lo supiera el general Joaquín Lagos, jefe de la región militar,
miembros de la «caravana de la muerte» ordenaron sacar a 14 prisioneros
de la cárcel. Fueron fusilados en la Quebrada de El Way entre la 01.00 y
las 01.45 horas del 19 de octubre de 1973, tal como señalan los certificados
de defunción de algunos de ellos.
Los cuerpos aparecieron acribillados a balazos. Con un desprecio increíble
fueron tirados delante del depósito de cadáveres, expuestos al sol y a las
miradas de los curiosos.
El pasado 26 de enero de 2001, cuatro días después del que el juez Juan
Guzmán interrogase al ex dictador, el ex general Joaquín Lagos apareció en el
canal 7 de la televisión chilena explicando detalles escabrosos sobre la forma
en que los miembros de la «caravana de la muerte» asesinaron a sus víctimas.
*«¡Si estaban hechos pedazos! ¡Si no eran cuerpos humanos! ¡De manera que yo quería armarlos
por lo menos, dejarlos de forma decente! Pero eso no se pudo. ¡Les sacaban los ojos con los
cuchillos, les quebraban las mandíbulas y las piernas! Al final, el golpe de gracia»*, explicó
Lagos a un país conmocionado.
Los cadáveres fueron entregados a sus familiares metidos en cajas y
sellados. Pinochet fue informado horas después de los atroces crímenes por
el propio Lagos, según consta en su declaración jurada.

SEGUNDO
NORTON
FLORES A.
Q.E.P.D.
† 19.X.1973
HIJO
VIVIRAS
ETERNAMENTE EN
NUESTROS CORAZONES
TUS INCONSOLABLES
PADRES

NI LAS BALAS
SUPRIMEN
LAS IDEAS
COMISION
D.D.H.H.

LUIS EDUARDO ALANIZ ÁLVAREZ   MARIO ARQUEROS SILVA   DINATOR
ÁVILA ROCCO   GUILLERMO CUELLO ÁLVAREZ   MARCO FELIPE DE LA
VEGA RIVERA   NORTON FLORES ANTIVILO   DARÍO GODOY MANSILLA
JOSÉ GARCÍA BERRÍOS   MIGUEL MANRÍQUEZ DÍAZ   DANILO MORENO
ACEVEDO   WASHINGTON MUÑOZ DÓNOSO   EUGENIO RUIZ-TAGLE
ORREGO   MARIO SILVA IRIARTE   ALEXIS VALENZUELA FLORES

Segundo y cuarto por la izquierda, Washington Muñoz y Mario Silva, fusilados en Antofagasta.
Alejandro Rodríguez, fusilado en Calama, se dirige a los seguidores de su partido durante la celebración de un acto político previo al golpe de Estado.

ISABEL DE LA VEGA, 75 años.

Hermana de **MARCO FELIPE DE LA VEGA RIVERA**, 46 años, casado, tres hijos.
Alcalde de Tocopilla y militante comunista. Fusilado en Antofagasta.

«Tras el asesinato de Marco, los cinco hermanos guardamos luto riguroso durante 17 años hasta el 12 de marzo de 1990, el día despés de que asumiera el poder el nuevo presidente elegido democráticamente. Pero jamás hemos puesto la bandera de Chile en el balcón y no la pondremos hasta que no haya justicia.

La muerte de Marco, comunista y católico, produjo un daño psíquico irreparable en toda la familia. Desde 1973 hasta hoy hemos necesitado la ayuda de psiquiatras.

Mi padre Víctor intentó ahorcarse el mismo día de la ejecución de Marco. Una hermana le salvó la vida en el último instante. Fue un momento de desesperación del que siempre se arrepintió. Nuestra madre enfermó y murió en abril de 1974, cinco meses después. No quiso vivir más, no aceptaba alimentos e incluso descubrimos que escondía la medicación.

Yo fui expulsada del trabajo y nunca volví a conseguir un empleo en Antofagasta. En 1985 recibí una pensión por debajo del salario mínimo. Mi hermano Carlos estuvo un año encarcelado y nunca fue readmitido en su empleo en el ministerio de Obras Públicas donde trabajaba desde hacía 21 años. A mi hermana María Iris le obligaron a firmar la renuncia voluntaria como maestra. Tuvo que devolver incluso el salario de noviembre de 1973. Mi hermana Mercedes, que era modista, nunca más volvió a coser. María Iris fue agredida en la calle y alguien disparó contra nuestra casa con munición de fogueo.

«Mi padre Víctor intentó ahorcarse el mismo día de la ejecución de Marco. [...] Nuestra madre enfermó y murió en abril de 1974, cinco meses después.»

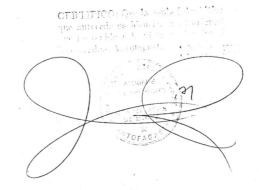

Nota enviada por Marco desde la prisión de Antofagasta a su hermana Isabel.

Los hermanos de la Vega (Isabel, derecha) ante la tumba de Marco.

Nosotros, al menos, pudimos ver el cuerpo de nuestro hermano antes de enterrarlo. Otros familiares recibieron los ataúdes sellados y nunca supieron si los cuerpos les pertenecían. Con nosotros no hubo razones humanitarias. *«Del depósito de cadáveres al cementerio, sin ceremonias. Limítense a enterrarlo»*, fue la escueta orden. Nos obligaron a trasladar los cuerpos por calles secundarias. El pánico impedía a los conocidos darnos el pésame cuando se cruzaban con la comitiva fúnebre. Fuimos al diario *El Mercurio* a colocar una esquela invitando a la participación en el entierro. No la publicaron, aunque nos devolvieron el dinero.»

PEDRO DÍAZ VILLARROEL, 60 años.

Superviviente. Estaba encarcelado en Antofagasta cuando llegó la «caravana de la muerte».

«Tuvieron que ser llevados casi en brazos. Cualquier excusa valía para torturar.»

«Aquel 18 de octubre de 1973 éramos 37 presos políticos en la cárcel de Antofagasta. Dormíamos en un pasillo de 19 metros por 4 en literas de tres. A las ocho de la tarde conversaba con Marco de la Vega, uno de los que fue fusilado, sobre los consejos de guerra. Como máximo nos podían caer tres años. Jamás habíamos usado un arma. Qué necesidad tenía yo de llevar dinamita a la sede del partido si era el encargado del polvorín y tenía las llaves.

A las diez apagaron la luz. A medianoche se escucharon gritos. Entraron en las salas miembros de la gendarmería acompañados de oficiales vestidos de camuflaje y armados hasta los dientes.

«Los huevones que nombren tienen que salir inmediatamente», dijo Armando Fernández Larios, miembro de la comitiva de Arellano mientras se disponía a leer una lista. Primero nombraron a los comunistas de Tocopilla, después a los socialistas de la oficina salitrera de María Elena.

Recuerdo que Marco de la Vega preguntó: *«Señor, con todo respeto, ¿puedo llevar mis lentes y mis cigarrillos?»*. Larios le contestó: *«Para lo que te van a servir»*. José García tenía 69 años y cáncer de próstata. Uno de los militares preguntó a Larios: *«¿Este viejo culeado también es comunista?»*. Larios le ordenó: *«Cállate y amárralo, no más»*. El cordel de cáñamo le inmovilizó las muñecas. Larios mandó regresar a la litera a Jaime Suárez cuando éste creyó que lo habían nombrado. *«Tú te quedas para mañana junto al resto»*, le dijo.

Las brutales torturas diarias impedían andar a Mario Silva y a Eugenio Ruiz-Tagle. Tuvieron que ser llevados casi en brazos. Cualquier excusa valía para torturar. A Mario Arqueros le torturaron por tener el pene pequeño. *«¿Crees que con eso vas a hacer feliz a las mujeres?»*, le decían mientras le aplicaban corriente con un generador cuya manivela se giraba a mano. Los simulacros de fusilamiento eran casi diarios. Al día siguiente nos enteramos de que habían sido fusilados.

En Antofagasta crearon delitos para justificar las detenciones y las ejecuciones. Se mataron a las personas y después se les juzgó. Un mes y cinco días después de los brutales sucesos fui juzgado por un consejo de guerra acusado de trasladar 180 cartuchos de dinamita y revólveres a la sede del partido comunista en Tocopilla. En mi causa aparecían los nombres de cuatro compañeros, que ya habían sido ejecutados por orden de Arellano. A mí me condenaron a 3 años y un día. De la cárcel salí el 28 de junio de 1976 y fui expulsado de Chile. Me refugié en Francia.»

CALAMA
19/X/1973

Calama sería la cuarta y última escala del helicóptero Puma que transportaba a Arellano y sus secuaces. En pocas horas decidieron la suerte de otros 26 prisioneros. Casi todos habían sido condenados en consejos de guerra a penas de prisión. Sólo seis estaban con un proceso abierto y sin condena.

Los prisioneros fueron rematados con cuchillos y enterrados en un lugar desconocido. Durante 17 años, los familiares buscaron los cuerpos en el desierto. Excavaron en una decena de lugares y llegaron a encontrar un cementerio indígena.

A mediados de los noventa, un testigo de la inhumación ilegal indicó el lugar exacto de la fosa clandestina, situada a 14 kilómetros de Calama. Pero la fosa había sido removida unos años antes. Los restos encontrados fueron enterrados en un nicho común en febrero de 1991. Años después, los familiares supieron que había unos fondos especiales para analizar las osamentas y determinar las identidades de las víctimas. La investigación antropológica y forense duró un año.

En noviembre de 1995, volvieron a enterrar las osamentas de 13 de los 26 desaparecidos. Los restos encontrados fueron mínimos. Apenas unas mandíbulas destrozadas y alguna clavícula. Pero permitió asegurar que al menos 13 de ellos habían sido asesinados. Los casos de los otros 13 desaparecidos sirvieron para que la Corte Suprema aprobara el desafuero de Pinochet.

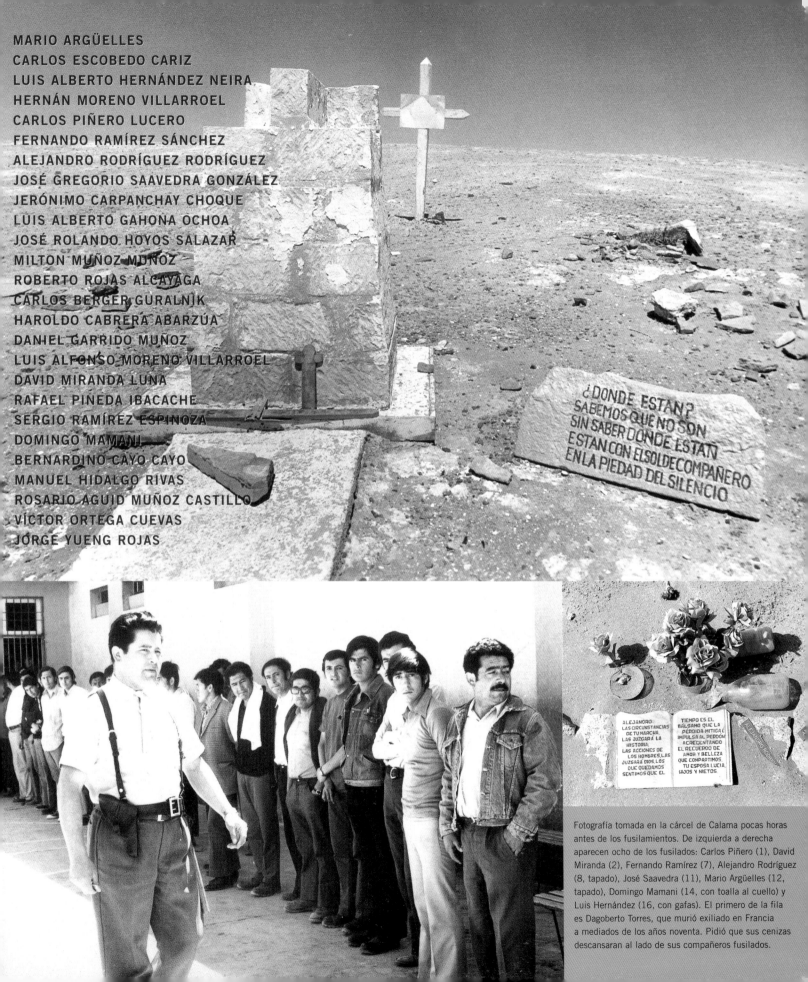

MARIO ARGÜELLES
CARLOS ESCOBEDO CARIZ
LUIS ALBERTO HERNÁNDEZ NEIRA
HERNÁN MORENO VILLARROEL
CARLOS PIÑERO LUCERO
FERNANDO RAMÍREZ SÁNCHEZ
ALEJANDRO RODRÍGUEZ RODRÍGUEZ
JOSÉ GREGORIO SAAVEDRA GONZÁLEZ
JERÓNIMO CARPANCHAY CHOQUE
LUIS ALBERTO GAHONA OCHOA
JOSÉ ROLANDO HOYOS SALAZAR
MILTON MUÑOZ MUÑOZ
ROBERTO ROJAS ALCAYAGA
CARLOS BERGER GURALNIK
HAROLDO CABRERA ABARZÚA
DANIEL GARRIDO MUÑOZ
LUIS ALFONSO MORENO VILLARROEL
DAVID MIRANDA LUNA
RAFAEL PIÑEDA IBACACHE
SERGIO RAMÍREZ ESPINOZA
DOMINGO MAMANI
BERNARDINO CAYO CAYO
MANUEL HIDALGO RIVAS
ROSARIO AGUID MUÑOZ CASTILLO
VÍCTOR ORTEGA CUEVAS
JORGE YUENG ROJAS

¿DONDE ESTAN?
SABEMOS QUE NO SON
SIN SABER DONDE ESTAN
ESTAN CON EL SOL DE COMPAÑERO
EN LA PIEDAD DEL SILENCIO

ALEJANDRO:
LAS CIRCUNSTANCIAS
DE TU MARCHA,
LAS JUZGARA LA
HISTORIA,
LAS ACCIONES DE
LOS HOMBRES, LAS
JUZGARA DIOS, LOS
QUE QUEDAMOS
SENTIMOS QUE EL

TIEMPO ES EL
BALSAMO QUE LA
PERDIDA MITIGA E
IMPULSA AL PERDON
ACRECENTANDO
EL RECUERDO DE
AMOR Y BELLEZA
QUE COMPARTIMOS.
TU ESPOSA LUCIA,
HIJOS Y NIETOS.

Fotografía tomada en la cárcel de Calama pocas horas antes de los fusilamientos. De izquierda a derecha aparecen ocho de los fusilados: Carlos Piñero (1), David Miranda (2), Fernando Ramírez (7), Alejandro Rodríguez (8, tapado), José Saavedra (11), Mario Argüelles (12, tapado), Domingo Mamani (14, con toalla al cuello) y Luis Hernández (16, con gafas). El primero de la fila es Dagoberto Torres, que murió exiliado en Francia a mediados de los años noventa. Pidió que sus cenizas descansaran al lado de sus compañeros fusilados.

Familiares de los
ejecutados en Calama en
la fosa común donde
aparecieron los restos de
13 de los 26 fusilados.

VICKY SAAVEDRA, 58 años.

Hermana del estudiante JOSÉ GREGORIO SAAVEDRA GONZÁLEZ, fusilado en Calama con 17 años.
Algunos restos de su cuerpo aparecieron entre las osamentas encontradas en 1990.

«Lo principal es la búsqueda de los cuerpos. No nos importa que crean que estamos locas. Hubo un pacto de silencio para borrar las huellas, pero en julio de 1990 conseguimos dar con la fosa. Un testigo ocular la señaló en un mapa. Encontramos los restos de 13 de los 26 desaparecidos. De algunos sólo había un dedo o una mandíbula.

Llevamos más de 27 años luchando y las fuerzas ya no son las mismas. A veces sentimos que no conseguiremos nuestro objetivo. La política del terror tuvo efectos sobre muchas personas. Escondieron la verdad a sus hijos con el fin de protegerlos.

Cuando encontraron la fosa, alguien me trajo un zapato con los restos de un pie. Lo tuve cuatro días en mi habitación. Lo miraba, lo tocaba, era enfermizo. Cuando años después se identificaron los restos, me confirmaron que correspondían a mi hermano Pepe.

Tenía 17 años cuando lo mataron. Vi sufrir a mi madre, cómo se consumió poco a poco hasta la muerte. Cometí el error de hacerle creer que mi hermano estaba vivo. Cuando Pepe nació yo tenía 13 años. Su llegada iluminó nuestra casa. Yo le preparaba los biberones y le lavaba. Viví todas las etapas de su niñez como madre. Para mí era como un muñeco.

En 1991 me dijeron que habían visto a un vago paseando por las calles de Arica, ciudad fronteriza con Perú, que se parecía a mi hermano, y lo fui a buscar. Ha sido muy difícil aceptar su muerte. Lo buscaba sin querer convencerme de que estaba muerto. No tienes el cuerpo, no tienes la evidencia definitiva. Para uno, el cuerpo es fundamental.

Tardé once años en llorar su pérdida por primera vez. He hablado poco con mis hijos, quizá porque no quiero involucrarlos en mis sentimientos. Quizá piensen que mi her-mano les quitó espacio a ellos. Con el paso de los años ha crecido el sentimiento de culpabilidad.

Nosotros sabemos que los mataron. Incluso nos entregaron un certificado de defunción. Hemos encontrado algunos restos y los hemos identificado. Sabemos cómo los mataron. Otros no saben nada, incluso creen que algún día los encontrarán vivos.»

Carta de José desde la cárcel.

RICARDO PEREZ CARDENAS.
Q.E.P.D.
† 04·10·1973.
EJECUTADO

LUIS BUSH MORALES.
Q.E.P.D.
† 05·10·1973
EJECUTADO

DOMINGO MAMANI LOPEZ.
Q.E.P.D.
† 05·10·1973
EJECUTADO

FRANCISCO GABRIEL VALDIVIA.
Q.E.P.D.
† 05·10·1973
EJECUTADO.

CARLOS PIÑERO LUCERO.
Q.E.P.D.
† 19·10·1973
EJECUTADO.

ANDRES ROJAS MARAMBIO.
Q.E.P.D.
† 05·10·1973.
EJECUTADO.

RENÉ LINSAMBARTH RODRIGUEZ.
¿?
DETENIDO DESAPARECIDO

SERGIO RAMIREZ ESPINOZA
Q.E.P.D.
† 19·10·1973
EJECUTADO

JOSE SAAVEDRA GONZALEZ.
Q.E.P.D.
† 19·10·1973
EJECUTADO

CARLOS ESCOBEDO CAR
Q.E.P.D.
† 19·10·1973
EJECUTADO.

ROBERTO ROJAS ALCAYAGA
Q.E.P.D.
† 19·10·1993
EJECUTADO.

MILTON MUÑOZ MUÑOZ.
Q.E.P.D.
† 19·10·1973.
EJECUTADO.

JORGE HOYOS SAL ZA
Q.E.P.D.
† 19·10·1973
EJECUTADO

DAVID MIRANDA LUNA
Q.E.P.D.
† 19·10·1973
EJECUTADO.

VICTOR ORTEGA CUEVAS.
Q.E.P.D.
† 19·10·1973
EJECUTADO.

CARLOS BERGER
Q.E.P.D.
† 19·10·1
EJECUTA

«Lo buscaba sin querer aceptar que estaba muerto.
No tienes el cuerpo, no tienes la evidencia definitiva.
Para uno, el cuerpo es fundamental.»

CARMEN HERTZ, 52 años.

Esposa de CARLOS BERGER, 30 años, casado, un hijo de once meses. Abogado y periodista. Jefe de prensa de la mina de cobre de Chuquicamata. Ejecutado en Calama cuando había sido condenado a dos meses de cárcel.
Sus restos nunca fueron encontrados.
Abogada querellante en la causa de la «caravana de la muerte».

«Un día antes de su ejecución me entrevisté con el fiscal militar para pedirle que conmutara la pena que le restaba por una multa. El consejo de guerra le había condenado a 61 días de prisión por negarse a emitir proclamas golpistas. Había cumplido ya más de la mitad de la condena.
El fiscal me pidió que le hiciera la petición formalmente por escrito. Salí tan segura de que al día siguiente lo iban a liberar que reservé plaza para ambos en el primer avión para Santiago, donde se encontraba nuestro hijo Germán, de once meses.
Al día siguiente había mucho revuelo en el regimiento tras la llegada del general Sergio Arellano y su comitiva armada. Como era su abogada, conseguí entrar en la cárcel. Carlos estaba muy angustiado. Un primer grupo de presos encapuchados y maniatados habían sido trasladados a un lugar impreciso. Sólo pude estar 20 minutos con él.
Regresé a casa coincidiendo con el toque de queda. Al día siguiente corrieron diferentes versiones sobre lo que había sucedido. El gobernador militar, Eugenio Rivera, estaba muy conmocionado. Me pidió que regresara a casa y me prometió que en una hora me llamaría para darme una explicación.
Un vehículo militar se acercó a mi domicilio y un capitán me informó que los prisioneros habían sido fusilados al intentar escaparse. La muerte había ocurrido una hora después de nuestra despedida. Nuestra casa fue allanada. Los libros de Carlos y los juguetes de mi hijo fueron robados.
Pasé cuatro años en el exilio, regresé a Chile en 1977 y me incorporé al equipo jurídico de la Vicaría de la Solidaridad. En 1985 presenté la primera querella criminal contra el general Sergio Arellano por las ejecuciones ocurridas en Calama.

1988 fue un año terrible para mí a pesar de que el 5 de octubre el dictador Pinochet fue derrotado en un plebiscito. En junio de ese año, Dorak Guralnik, madre de Carlos, se suicidó tirándose por la ventana desde un séptimo piso. Tenía 64 años y no pudo superar la enésima depresión.
Pero lo peor ocurrió el 22 de noviembre. Al regresar a mi casa encontré degollada a mi empleada Sofía Yañez, que tenía 23 años y estaba embarazada. Días antes, varios miembros de la policía política de Pinochet habían sido sometidos a un proceso por torturas tras una querella presentada por mí. Su asesinato fue un acto de venganza y amedrentamiento.
Me fui a París con mi hijo que ya tenía 15 años. Entonces, muchos exiliados iniciaban el regreso y nosotros escapábamos de nuevo.
De todos los modelos de transición de la dictadura a la democracia, el chileno es uno de los más perversos. Hubo un pacto tácito para permitir la impunidad entre los gobiernos de la Concertación (coalición de fuerzas democratacristianas y socialdemócratas que gobiernan Chile desde hace una década) y los militares.
Una gran parte de los socialistas renovados reniegan de su pasado y están conformes con silenciarlo. Toda la prensa está controlada por los poderes fácticos. Había más periodismo independiente cuando Pinochet gobernaba.
Lo peor es que se quiere incorporar la idea de un empate moral histórico. La Unidad Popular de Salvador Allende cometió graves errores que provocaron un golpe de Estado. Las ejecuciones extrajudiciales, las desapariciones forzosas, las torturas masivas fueron simplemente excesos.
Ha habido operaciones políticas para impedir que Pinochet no comparezca al proceso legal. Es una intromisión que conlleva graves riesgos para el futuro de la sociedad chilena. Una sociedad no puede tratar a un criminal que

«Su ejecución cambió mi biografía para siempre.»

tiene poder con ventajas ya que eso significa discriminar a los demás.

Los integrantes de la «caravana» no sólo mataron personas. Los objetivos de este operativo de exterminio fueron aterrorizar a la población, alinear a las Fuerzas Armadas en la represión más dura y provocar la depuración de mandos considerados blandos. Algunos han dicho que éste fue el acto fundacional de la política de exterminio de la dictadura chilena.

En mi caso, mi vida fue pulverizada. La ejecución de Carlos cambió dramáticamente mi biografía para siempre. Y eso no tiene reparación alguna. Nuestra generación alcanzó el poder de forma democrática tras décadas de esfuerzo colectivo. El golpe liquidó ese sueño.

El proyecto de Allende pretendía transformar este país de forma democrática. Las víctimas son las que encarnaron ese proyecto. Carlos se podría haber quedado a vivir en Santiago en la casa que nos acabábamos de construir y en cambio tomó la decisión generosa y comprometida de irse a Chuquicamata, centro estratégico de producción, a sabiendas de que se iba a una ratonera. Hay que rescatar esa generosidad.»

Carta de CARLOS BERGER escrita en la cárcel de Calama y fechada el miércoles 26 de septiembre de 1973. Demuestra que los prisioneros estaban ya condenados cuando llegó la comitiva de Arellano.

Querida y adorada mujercita:

....Nunca será posible reproducir la situación, la tensión, la angustia y el aplastamiento que sentimos cuando fueron comunicadas las penas. Imagínate. Los van llamando de a uno. Y suben a la celda. Entran y dicen: 8 años. Que baje Fulano. Se produce un silencio espantoso y baja. Al rato sube y dice: me tiraron 15 años. Que baje Zotano. Y así se va repitiendo. Hubo penas de 500 y 600 días, 8, 15, 16 y 25 años. Era simplemente para sentarse a llorar. Pero los muchachos se portaron realmente muy bien. Amargados y jodidos, por cierto, pero muy enteros. Ahí yo te eché mucho de menos. Yo no tenía nada que ver en ese asunto, pero igual me deprimí y ahí se siente la necesidad de conversar con alguien y ese alguien no podías ser sino tú.

Son casi las doce del jueves. Me han comunicado la sentencia definitiva: 60 días de prisión que deberán cumplirse en la cárcel de Calama. No hay ninguna rebaja debido a las acusaciones que se formularon en mi contra aunque no figuran en el proceso. Pero por otra parte tampoco se aplicaron las disposiciones de tiempos de guerra porque el delito fue cometido con anterioridad a ellas, como dice textualmente la sentencia del coronel.

Bueno, me quedo una temporada aquí en Calama, disfrutando del sol, del deporte, del agua con arsénico. Espero que se respeten las normas en cuanto a que la pena empiece a cumplirse desde que uno está en prisión, con lo que ya tendría casi 15 días cumplidos. Espero que vengas hoy en la tarde. Te adoro. Carlos.

Y quiero muchísimo al enanito rubio.

GERMÁN BERGER, 28 años. Hijo de CARLOS BERGER. Tenía 11 meses cuando su padre fue ejecutado.

«Viajé a Calama en busca de un antídoto contra la soledad.»

«Tenía menos de cuatro años cuando mi madre me contó la verdad: *«Lo mataron los militares»* fue su escueta respuesta a mi pregunta. Vivimos exiliados en Argentina y Venezuela hasta 1977. Volví a Chile con cinco años y comencé a estudiar en un colegio de influencia izquierdista que me servía de burbuja protectora ante el estado de terror. Mi colegio y mi casa eran lugares seguros. A los siete años sabía que nunca podía confiar en la policía y en la gente extraña de la calle. El teléfono estaba intervenido, la televisión siempre mentía.

Tuve que matar la inocencia muy rápidamente. Formaba parte de un colectivo que era perseguido por la dictadura militar. Era ilegal en mi propio país. En los días del padre sentía una gran carencia afectiva, no encontraba una explicación racional a lo que había pasado. Mi madre siempre me marginó de todos los peligros que le acechaban como abogada de la Vicaría de la Solidaridad. Trataba de contarme lo menos posible, nunca permitió que me entrevistaran. Intentaba crear un entorno lo más normal posible al mismo tiempo que me sobreprotegía.

Mi relación con mi abuela fue muy especial. Su suicidio fue un golpe muy duro. No viví la muerte de mi padre como el resto de mi familia. Al principio, creía que era un privilegio. Con el paso de los años me di cuenta de que era una desventaja. El suicidio de mi abuela me obligó a vivir ambas muertes a la vez. Había sentido el dolor que ella arrastró toda su vida, su grito de desesperanza, había vivido el desmoronamiento de su familia y además me sentía culpable de no haber podido suplantar con mi cariño a mi padre.

1988 fue un año en el que volvíamos a creer en el futuro. Y de repente mataron a nuestra asistenta. De nuevo, tuvimos que salir fuera de Chile. Sufrí mucho en París yendo de casa en casa, pero al mismo tiempo empecé, con 15 años, un proceso interno en el que veía a Chile como un país que me atacaba.

El proceso hacia la democracia me desengañó. Las decisiones se tomaban entre paredes. Las estructuras creadas por los *milicos* eran ocupadas por los *demócratas*. El miedo atroz al pasado se instalaba en las cúpulas políticas. Muchos volvían de un exilio dorado y sólo hablaban de los errores del gobierno de Allende y la Unidad Popular. La cultura popular chilena, con Violeta Parra y Víctor Jara a la cabeza, era enterrada. Se produjo un giro al individualismo, a la desmemorización histórica. Los cambios eran peores que la propia dictadura.

Cuando aparecieron los restos de los desaparecidos a mediados de 1990 sufrí una gran crisis. Había dejado a un lado la carrera de abogado y había empezado periodismo. Me sentía atraído por las comunicaciones. Fui evolucionando de la escritura a la imagen. Ahora estudio en el Instituto del Cine de Cataluña, en Barcelona.

Mis trabajos están muy relacionados con mi tragedia personal, con la búsqueda frenética y a la vez ficticia del pasado. Hace cuatro años viajé por primera vez a Calama. No sabía muy bien qué buscaba. Iba a encontrarme con la soledad, con un alma vagabunda, quizá con la nada. Nunca tuve nada de mi *viejo*, ni siquiera sé dónde está su cuerpo. Creía que las piedras, las ramas, la polvareda del desierto podría traerme algo de su aura. Quizá buscaba un antídoto contra la soledad.

Fue todo tan terrible y sanguinario que ni siquiera la justicia, la detención de Pinochet y de los militares responsables del asesinato de mi padre me sirven para paliar tanto sufrimiento. Yo ya perdí la esperanza.»

Germán en brazos de su padre.

FERNANDO REVECO VALENZUELA, 65 años.

Fue presidente de los consejos de guerra en Calama. Posteriormente, detenido, torturado, encarcelado y expulsado del ejército.

«El ejército nunca emitirá un mea culpa.»

«Calama era un oasis geográfico y de paz aquel 11 de septiembre de 1973. Nadie disparó contra nosotros o intentó hacer algún acto de sabotaje. Eran trabajadores pacíficos. Qué necesidad teníamos de iniciar una escalada de violencia. Al mando de un batallón reforzado, dirigí la toma de la mina de cobre de Chuquicamata y de la fábrica de explosivos sin disparar un solo tiro. Conocía a los gerentes y a los sindicalistas. Ellos se oponían al golpe de Estado, pero llevaban una media de 23 años trabajando en el lugar. ¡Cómo iban a dinamitar sus fuentes de trabajo!

Casi todos fueron juzgados y condenados a penas de prisión. Tanto el jefe del regimiento, coronel Eugenio Rivera, como yo estábamos en contra de la pena de muerte. Además, los consejos de guerra deben juzgar delitos en tiempos de guerra y allí no había ninguna guerra.

Poco después de dictar las penas y veinte días antes de los fusilamientos me ordenaron regresar a Santiago por orden de la junta militar, cuyo jefe era Pinochet. Sin darme ningún motivo, fui detenido y trasladado a una prisión militar donde pasé un año y tres meses. No tenía antecedentes.

En los distintos cuerpos de las Fuerzas Armadas se estaba haciendo limpieza de oficiales que no fueran lo suficientemente duros con los prisioneros. Algunos oficiales de la Fuerza Aérea fueron brutalmente torturados.

Un capitán de apellido Silva dijo que conocía a un oficial llamado Reveco que había manifestado en 1964, casi diez años antes, que iba a votar por Allende. Cosa que hice, como un 30 % de los oficiales que estaban hartos de los bajos salarios.

En ese primer año, fuimos purgados unos 200 oficiales, un 10 % del total. Siempre me ha sorprendido el número tan bajo de oficiales que se opusieron al golpe o que al menos expresaron dudas. Muchos militares no actuaron brutalmente, pero tampoco se enfrentaron a la brutalidad. Impusieron un régimen de terror y tortura como medidas para ejercer el control en el interior de las Fuerzas Armadas. La caravana del general Arellano cumplió esa finalidad con creces.

Fui condenado por un delito de 'falta de rigor', que no estaba tipificado. El juez militar, curiosamente el general Arellano, como jefe de la guarnición capitalina, ratificó la sentencia. Pasé a retiro temporal estando detenido. Yo ya era teniente coronel y un consejo de guerra contra alguien de mi graduación debía haber estado formado por generales. En mi caso, algunos integrantes eran de menor graduación.

En realidad, fui víctima de una estrategia establecida por el general Pinochet. La intención era mandar un mensaje muy claro: *«Queremos generales y oficiales como Arellano, Sergio Arredondo, Moren Brito, Fernández Larios (todos integrantes de la 'caravana'). Los blandos no tienen destino en este ejército».*

Fui torturado en la Academia de Guerra de la Fuerza Aérea (el antiguo militar se quiebra por primera vez durante la entrevista), pero prefiero no hablar de ello. A la crueldad física, hay que añadir una crueldad aún mayor: perdí la fe en algo tan valioso como era el servicio a la patria. Llevaba 23 años en el ejército, desde los 15 años. Tenía 38 años y estaba en buena disposición para haber llegado al retiro como general.

Pero el ejército se convirtió en la guardia pretoriana de Pinochet y hoy sigue siendo igual. Es una casta que se mantiene en un gueto. Ni con una vela encuentra a un hombre que esté en el centro político. Son todos de derechas o incluso de extrema derecha.

El ejército como institución nunca emitirá un *mea culpa* ya que hay mucha gente involucrada en los crímenes. Será difícil llegar a la verdad porque las pruebas fueron destruidas. La política es negarlo todo y proteger a Pinochet. Las órdenes son verticales y la masa obedece.

En todo caso, yo puedo dormir con la conciencia tranquila.»

ELOÍSA ARMELLA, 64 años.

Esposa de DOMINGO MAMANI, 41 años, cuatro hijos. Presidente del Sindicato de la empresa de explosivos. Fue fusilado en Calama. Hoy sigue desaparecido.

«Nuestra casa fue allanada por soldados del ejército. Revisaron todo y se fueron. Domingo se volvió a acostar porque eran las siete y media de la mañana. Poco después, llegaron varios carabineros y lo obligaron a acompañarlo a la comisaría. Era el 30 de septiembre de 1973 y no lo volví a ver hasta el 12 de octubre en la cárcel. *«Búscame un abogado porque la situación se está poniendo muy pesada aquí dentro»*, me dijo el día antes de ser fusilado.
Mi hija Alicia le llevó la merienda el día 19 de octubre a las cinco de la tarde mientras yo iba en busca de un abogado. Cuando regresó me dijo: *«Estaban sacando a papá de la cárcel»*.
Fui allí y esperé hasta la hora del toque de queda. Volví a la mañana siguiente. *«No ha vuelto ningún detenido político»*, me dijo el funcionario. En el regimiento me aseguraron que se lo habían llevado a Santiago a cumplir su condena de 20 años.
A las cinco de la tarde, el capellán militar vino a mi casa y me dijo: *«Vengo a darle una mala noticia. Su esposo fue fusilado porque intentó escaparse»*.
Fuimos a reclamar los cuerpos. Un alto oficial nos dijo: *«Aquí ha habido una guerra y cuando eso ocurre los cuerpos se entierran en cualquier parte»*. Se comprometió a entregarnos los restos un año después. Incumplieron su palabra. Compartí con él 18 años, teníamos cuatro hijos. Me quedé sola con 37 años. No tenía profesión. Nos cerraron las puertas en todas partes. Tuve que barrer calles para conseguir algo de dinero. No tenía derecho a una pensión porque no estábamos casados. Hasta hace seis años no empecé a recibir una pensión por daños y perjuicios. No tuve derecho a rehacer mi vida aunque ni siquiera pasó por mi mente.
Mis hijos tenían entre 20 y 15 años y supieron desde el principio lo ocurrido con su padre. El recuerdo de

Domingo Mamani con su hija Soledad (en la fotografía actual, de pie a la izquierda) sentada en su regazo. A su lado, su mujer Eloísa y su hijo varón. Los padres de Domingo con la pequeña Alicia (en la fotografía actual, tras la silla donde hay un viejo traje del ejecutado) y la cuarta hija.

Domingo es un permanente tema de conversación en esta casa. Todos los días de Navidad mi hijo varón, que ya tiene 44 años, se sienta en el sillón, coge la foto de su papá y empieza a llorar. Mis nietos mantienen vivo el recuerdo de su abuelo. Y pronto lo harán mis biznietos.»

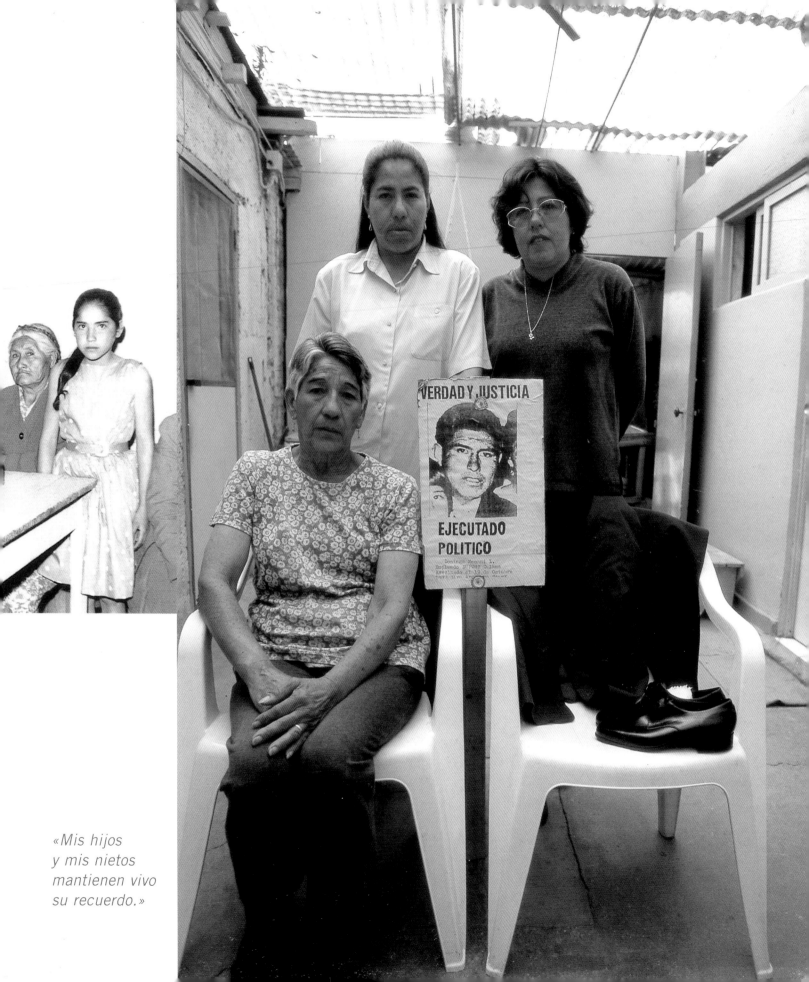

VERDAD Y JUSTICIA

EJECUTADO
POLITICO

*«Mis hijos
y mis nietos
mantienen vivo
su recuerdo.»*

SERVICIO DE REGISTRO CIVIL
E IDENTIFICACION
CHILE

CERTIFICADO DE DEFUNCION

CERTIFICO: QUE EN LA CIRCUNSCRIPCION DE *Calama*

DEL DEPARTAMENTO DE *El Loa* CON FECHA 23

DE *Octubre* DE 19 73 Y Nº 310 SE HALLA INSCRITA

LA DEFUNCION DE

NOMBRES Y APELLIDOS DEL FALLECIDO
Domingo Mamani López

NOMBRES Y APELLIDOS DEL PADRE
Esteban Mamani

NOMBRES Y APELLIDOS DE LA MADRE
Felipa López

SEXO	Nº CEDULA IDENTIDAD	GABINETE
Masculino	30366	*Calama*

SOLTERO-CASADO-CON-VIUDO DE:

OFICINA MATRIMONIO		Nº DE INSCRIPCION	AÑO

CONYUGE FALLECIDO CIRCUNSCRIPCION		Nº DE INSCRIPCION	AÑO

FECHA DEL FALLECIMIENTO	DIA 19	MES *Octubre*	AÑO 1973	HORA 18

LUGAR *Calama*

OBSERVACIONES
Edad 41 años
Causa: Destrucción Torax y región cardiaca

FECHA DEL CERTIFICADO	LOCALIDAD *Calama*	DIA 4	MES *Febrero*	AÑO 1974

(Imp. Registro Civil e Identificación)

IMPUESTO   EJECUTOR

REPUBLICA DE CHILE

GOBIERNO INTERIOR
Gobernación de EL LOA

CALAMA ,16 de Noviembre de 19 73. Nº 2

Referencia: EXTIENDE CERTIFICADO.-

C E R T I F I C A D O :

Ante petición formulada por doña ELOISA ARMELLA MUÑOZ a la Gobernación Departamental de El Loa, esta Jefatura de Zona en Estado de Sitio, autoriza a la solicitante para gestionar ante el Sr. Director del Hospital Carlos Cisternas de Calama, el traslado de los restos mortales de sus familiares, todo ello en conformidad con lo dispuesto en el Art.75 del Decreto 357 de 1970, sobre Reglamento General de Cementerios, al término de la fecha señalada en la norma legal citadas.

EUGENIO RIVERA DESGROUX.
Coronel Ejto. Jefe Zona
El Loa

SOLEDAD MAMANI, 43 años.

Hija de DOMINGO MAMANI. Tenía 16 años cuando su padre fue ejecutado.

«No aceptaría que me dijeran que unos huesos son mi padre.»

«Mi padre fue detenido el día de mi cumpleaños. Esperé todo el día su regreso para celebrarlo juntos. Desde entonces es un día trágico para mí. La familia de mi padre nos rechazó. Incluso algunos familiares se cambiaban de acera para evitarnos. Lo hacían por miedo, pero también por diferencias políticas. Nos trataban como si fuéramos bichos raros. Una profesora se permitió el lujo de decirme: *«Eres comunista como tu padre».*

Siempre voy a tener la visión de mi padre vivo. No aceptaría que me dijeran que unos huesos son mi padre. Mi vida ha sido una cadena de errores. Durante años le inculqué a mi hija el odio a los militares. Me hice cristiana evangélica y eso me ayudó. Todavía mi hija grita cuando sale Pinochet en la televisión: *«Ese desgraciado mató a mi abuelito».*

El ex dictador es el máximo responsable. Ya no va a poder tener una vida normal. No podrá salir libremente a pasear como cualquier abuelo. Tiene miedo y nunca va a descansar. Lo ideal sería que nunca muriera para que siguiera sufriendo.»

ALICIA MAMANI, 42 años.

Hija de DOMINGO MAMANI. Tenía 15 años cuando su padre fue ejecutado.

«La justicia se está aplicando a Pinochet. Chile es hoy su cárcel.»

«Vi cómo sacaban de la cárcel a un grupo de prisioneros, cómo los metían en la camioneta y cómo los golpeaban. Mi padre era un idealista: luchó por el futuro y el bien de los trabajadores. No vivía de la política. Trabajaba, tenía su sueldo y cuando acababa su jornada laboral se preocupaba por los demás. Por eso lo mataron.

En los sueños de los años posteriores a su ejecución y desaparición, aparecía siempre vivo; tenía otra familia y llegaba a esta casa a visitarnos. Era difícil entender esa situación. Lloraba continuamente y sembré el odio en mis hijos. Deseaba matar a Pinochet. Le pedía a Dios que me ayudase. Hace poco volví a soñar con mi padre. Me decía que estaba descansando, que ya estaba muerto. Me dio tranquilidad.

Con el tiempo ha ido disminuyendo el odio. Los últimos acontecimientos judiciales también me han ayudado. La justicia se está aplicando a Pinochet. Chile es hoy su cárcel.»

YALI YAN MORENO, 27 años.

Hija de **HERNÁN MORENO VILLARROEL**, 29 años, dos hijas. Era policía de investigaciones. Ejecutado en Calama.
Entre las osamentas identificadas en 1995 había una mandíbula suya.
Yali tenía un mes y 19 días cuando mataron a su padre.

«Como nací el 1 de septiembre de 1973 conseguí vivir unos cuantos días en un país en libertad antes del golpe de Estado, pero me quedé huérfana con un mes y 19 días. Mi madre volvió a casarse y hoy somos cinco hermanos. Hasta los 12 años no supe la verdad aunque mi madre nunca nos ocultó a mi hermana, un año mayor, y a mí que teníamos otro padre, muerto en un accidente. Cuando éramos pequeñas preguntábamos: *«¿Dónde está la tumba de mi papá?»*. Mi madre nos respondía: *«Se perdió»*. La verdad fue difícil de aceptar. Saber que tu padre fue torturado y murió sufriendo fue muy duro. Sentí rabia e ira pero al mismo tiempo tenía que guardar silencio porque estábamos en plena dictadura.

Nos creamos una ilusión nueva: en el desierto se momifican los cuerpos. Por lo tanto los vamos a encontrar enteros. Durante muchos años oculté la verdad en el colegio.

A los 17 años empecé a reivindicar la figura de mi padre. Contaba lo que había pasado a mis compañeros de colegio, incluso a los partidarios de Pinochet. En las últimas elecciones, un amigo de derechas me dijo: *«Voté por el socialista Lagos sólo por tí y por lo que tu familia sufrió»*. Fue tan impresionante lo que pasó que cuando lo cuentas logras cambiar el modo de pensar de otras personas.

La aparición de las osamentas en 1990 fue un nuevo golpe. Supimos que nos teníamos que conformar con una mandíbula. El reconocimiento fue terrible. De nuevo apareció el odio, la rabia, la desesperación y sobre todo nació una tremenda sed de justicia. Mi tío Luis Alfonso, el hermano de mi padre, también fue ejecutado. Pero no encontramos nada de él.

Comencé a militar en el mismo partido de mi padre. Me decía: si mi papá perdió la vida luchando por sus creencias políticas, yo tengo que seguir su camino. Sigamos recordando al mundo lo que pasó en Chile. Aquí no hubo una guerra, sino una masacre. Nosotros los jóvenes siempre nos vamos a preocupar de que Pinochet no aparezca en la historia como un mártir o un salvador de la patria.»

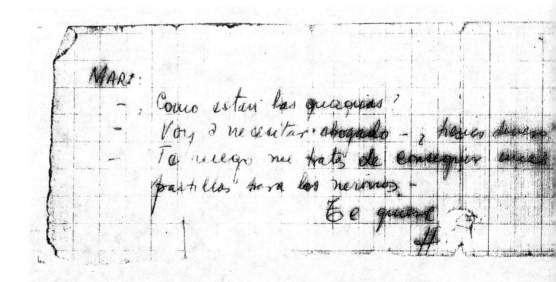

Mensaje de Hernán
desde la cárcel.

«*Pinochet nunca aparecerá como un mártir o un salvador de la patria.*»

JORGE YUENG, 38 años.

Hijo de **JORGE YUENG ROJAS**, de 37 años. Casado, tres hijos. Obrero de la empresa de explosivos.
Fue ejecutado en Calama y su cuerpo sigue desaparecido.

«Mi madre estalló en gritos cuando le dijeron que su marido había sido fusilado. Yo comencé a llorar. Era el mayor de tres hermanos. Mi hermana Ana Luisa tenía 9 años y mi hermano César Antonio siete meses. El capellán militar dijo: *«El lunes será citada por el gobernador militar para entregarle sus pertenencias, el certificado de defunción y para anunciarle cuándo se le entregará el cuerpo»*. Así de frío. Sólo quedaba llorar.

El mismo día del golpe fue a trabajar con otros nueve compañeros. La empresa de explosivos estaba resguardada por carabineros. Regresó al día siguiente tras el toque de queda. Hubo rumores de que habían participado en un sabotaje. Mi papá y el resto de sus compañeros fueron a desmentirlo. El 12 de octubre fue detenido. Nunca más lo volví a ver. Llegó Arellano al mando de la «caravana» y cometió esas aberraciones.

A diferencia de muchos familiares nuestra vida fue normal porque no sufrimos discriminaciones o allanamientos. Tampoco nos apuntaron con el dedo. Nunca hablábamos del tema.

No era el miedo el que impedía que hablásemos de lo ocurrido. Lo hacíamos como autodefensa. Aunque a veces surgían preguntas sobre lo ocurrido, pero nunca encontrábamos respuestas.

Hice el servicio militar como estudiante. Creo que nadie con un familiar directo víctima de una ejecución o una desaparición llegó a hacerlo. Yo lo hice como un ciudadano cualquiera, llegué a sargento primero aunque nunca supieron que era hijo de un ejecutado político.

Siempre sueño con mi papá como si no lo hubiesen matado. Sabemos que está muerto, pero tenemos la esperanza de encontrarlo completo. Encontrar restos es como no encontrar nada.

Me da lo mismo lo que pase con Pinochet. Mataron a una generación completa en la que estoy incluido. Han pasado tantos años y todavía no hay justicia. Tuvimos que vivir en el anonimato. Siempre tratando de no mostrar lo que a uno le había pasado.

En diez años de democracia no ha habido soluciones. Hay generaciones completas que no tienen ni idea de lo que pasó en 1973. Quienes vivieron esos años van a morirse y entonces, ¿quiénes van a contar la verdad histórica? Los juicios de ahora son importantes, pero hay poca difusión. Los medios de comunicación esconden la verdad.»

«Vivimos en el anonimato. Siempre tratando de no mostrar lo que a uno le había pasado.»

Jorge Yueng sentado, junto a su madre y su hermano César Antonio.

VIOLETA BERRIOS, 63 años.

Compañera de MARIO ARGÜELLES TORO, 34 años.
Fusilado en Calama. Algunos restos de su cuerpo se encontraron entre las osamentas halladas en 1990.

«Hemos vivido alrededor de la muerte desde entonces. Hemos pensado más en ellos que en nosotras. No me conformo con un hueso. Lo quiero todo. O todo o nada. Cuando encontraron los restos, la forense me dijo: *«Está Mario»*. No pregunté qué es lo que había. Huí, lloré por las calles, me equivoqué de autobús. Sentí un gran vacío. Tienes una imagen de una persona y te muestran unos huesos. Uno se resiste a aceptar que esos huesos pertenecen a un ser querido.

Me cortaron la vida. No pude ser nunca más feliz, no pude ser mujer o madre, me quedé sola con mis recuerdos, sin hijos, sin nietos, con imágenes que no se borran y con la esperanza de poder encontrarlo. Estuvimos juntos 8 años, 7 meses y un día. ¡Éramos tan jóvenes!

No tuve tiempo para rehacer mi vida. La búsqueda se comió todo el tiempo. Además, Mario me molestó durante mucho tiempo. Se paseaba dentro de mi casa. Incluso hoy me visita, sé que ha vivido conmigo. Ningún hombre aceptaría a una persona cuyo corazón y pensamientos están en la pampa.

Salíamos a buscarlos con palas y picos con la seguridad de que esa vez los íbamos a encontrar. Regresábamos desilusionadas, agotadas. Nos decíamos: hoy no fue posible, pero mañana los encontraremos. Hace 27 años que no cierro la puerta de mi casa esperando el regreso. Sabes que está muerto y todavía esperas. Iba un día en el metro de Santiago cuando vi a alguien que me recordaba a Mario. Corrí detrás de una imagen que concuerda con la última que vi de él.»

Mario Argüelles

«Nadie aceptaría a una
mujer cuyo corazón está
en la pampa.»

JUANA CEPEDA, 55 años.

Esposa de **MANUEL HIDALGO**, 23 años, obrero, dirigente sindical. Sus restos nunca fueron encontrados.
Madre de Coral y Susana. Estaba embarazada de esta última cuando ejecutaron a su marido en Calama.

«Su presencia es permanente en mis sueños.»

«Me defendí de lo que habían hecho con Manuel convenciéndome de que no era verdad. Me decía: ¡está vivo! y así evitaba que mi embarazo sufriera. A los nueve años empezaron a hacer preguntas. Susana, la pequeña, iba a la iglesia y siempre pedía la vuelta de su padre. El amor de mis dos hijas ha sido imprescindible para superar lo ocurrido. Tengo una pareja sentimental, pero siempre opté por no darles un padrastro.

La presencia de Manuel es permanente en mis sueños. Me recuerda que ellas son sus hijas. Siempre aparece cuando se producen momentos trascendentes relacionados con el caso. Me dice que viene a ver a sus hijas y yo le sigo por una línea férrea que va hacia el interior de una mina. Esos sueños sirven para resguardar mi tranquilidad. Quizá un día me muestre el lugar donde está. Tuvieron que pasar más de once años hasta que me convencí de que nunca volvería vivo.»

Carta de Manuel Hidalgo a Juana Cepeda desde la cárcel de Calama.

CORAL HIDALGO, 29 años.

Hija de MANUEL HIDALGO, ejecutado en Calama. Desaparecido.

«Nada es comparable con el dolor de aquellas víctimas que encontraron la muerte en manos de 'personas' que se sintieron dioses, embriagados de poder.»

«Tenía dos años cuando mataron a mi padre. No tengo ningún recuerdo, aunque sueño con él desde que tengo memoria. Como si fuera una manera de comunicarme con él. Mi abuelo suplió en parte la figura de mi padre. Nunca nos inculcaron odio. Desde muy pequeña supe por mi madre que mi padre fue secuestrado por los militares. Siempre busqué a mi padre en los demás. En mi abuelo, en los chicos que me gustaban, en mi esposo. En el límite entre la dictadura y la democracia, hice un trabajo universitario para reivindicar el nombre de mi padre y de otros desaparecidos y para que todos mis compañeros supieran lo que había pasado. En él escribí: *«No comprendo por qué me lo arrebataron de esa manera, por qué no me dejaron sentir la alegría de poder regalarle aunque fuese un beso en el día del padre o en su cumpleaños, por qué me quitaron el derecho de sentirme amada y guiada por un padre».* Más adelante continuaba: *«Nada es comparable con el dolor de aquellas víctimas que encontraron la muerte en manos de 'personas' que se sintieron dioses, embriagados por el poder».*»

SUSANA HIDALGO, 26 años.

Hija de MANUEL HIDALGO y hermana de Coral. No había nacido cuando mataron a su padre.

«Siempre he tratado de inventarme un padre.»

«Aún no había nacido cuando a él lo mataron. Todos los recuerdos que tengo son inventados. Son como fotocopias de las fotos. En mi mente les doy vida, trato de inventarme un papá. Él tenía 23 años cuando desapareció, menos de los que yo tengo. A los 11 años me dijeron en la escuela que a mi papá lo mataron. Mi madre me contó toda la historia a los 15.

Una vez en Santiago durante un viaje revisé todas las guías telefónicas en busca de nombres similares a los de mi padre. Busqué porque no quería creer que él estuviera muerto. Siempre me gustaron los hombres mayores. A mi esposo le exijo cuidados que quizá corresponderían a un padre.

En 1995, después del funeral en Calama, tuve una fuerte recaída. Siempre estaba muy nerviosa, tuve desmayos y caí enferma. He estudiado psicología para intentar comprender qué es lo que me pasa.

Lo que más me duele es que nunca tuvo la oportunidad de conocerme. Lo mató alguien que se volvió loco ante tanto poder. Los culpables fueron Pinochet y Arellano. Cuando supe que Pinochet había sido detenido, compré las banderas de España e Inglaterra y las puse en mi coche en señal de agradecimiento. La situación actual está ayudando a la salud mental de todos nosotros.»

LEONILA RIVAS, 68 años.

Madre de MANUEL HIDALGO.

*«Cómo puede tener
un ejército generales
tan cobardes.»*

«El día de su muerte llegó el capellán militar para expli-
carme lo que había ocurrido. Me dijo que él había
hablado con cada uno de ellos y que habían muerto tran-
quilos, en paz. Me mintió. Los apuñalaron antes de dis-
pararles. Cómo puede tener un ejército generales tan
cobardes.

Lo busqué por todas partes. Recorrí el desierto y la frontera de Bolivia, viajé por todo el norte del país. Preguntaba a todo el mundo. Algunos me dieron pistas falsas.
En los regimientos me trataban a patadas. Un coronel
me dijo: ***«Si vuelve por aquí, correrá peor suerte que su hijo».***
Los vecinos tenían miedo de mirarnos a la cara. Sus
compañeros de trabajo nunca se preocuparon de nosotros. Tuve varios infartos y ahora vivo con tres *bypass*.
Recibo ayuda psiquiátrica. Casi me vuelvo loca. A veces
lo veo reírse y cuando me despierto descubro que sólo es
un sueño. Si me devolvieran a Manuel podría ir a visi-
tarlo a su tumba y no sufriría más. Se han reído del dolor
de madre, del dolor de esposa, del dolor de hija. Si son
hombres de honor, ¿por qué no nos devuelven los cuerpos?»

Leonila Rivas junto a su marido y padre de Manuel Hidalgo.

LIDIA OLIVARES, 51 años.

Esposa de ROSARIO MUÑOZ, de 26 años, casado. Su mujer se encontraba en su octavo mes de embarazo. Obrero de la empresa de explosivos. Fue ejecutado en Calama y sus restos nunca han aparecido.

«La familia de Pinochet pide clemencia. Pero no nos escucharon cuando nosotras sufríamos.»

Fotografía de la boda de Rosario y Lidia.

Finiquito de Rosario Muñoz con fecha posterior a su fusilamiento.

E EXPLOSIVOS S. A.

RERO/EMPLEADO

3 entre el Sr. ROSARIO MUÑOZ CASTILLO

el siguiente finiquito:

ara que prestó servicios en calidad de

EMPRESA NACIONAL DE EXPLOSIVOS S. A. desde

egal deja de prestar servicios con fecha   **13**

:

	E°	(3.267.-)
		69.-
		5.097.-
SERVICIOS		4.280.-
		854.-
ANTES		
AÑOS SERVICIOS		51.380.-
		2.895.-
AR	1.368	2.732,65
ON		2.251.-
		6.102.-
TOTAL	E°	72.393,65

, a su entera satisfacción.

aciones, en conformidad a la Ley; Feriados; Con-
trabajo ejecutado, no teniendo por tal causa re-

62704010 _____ de _____

echa de su retiro.

gún concepto, sea de índole legal o contractual

a EMPRESA NACIONAL DE EXPLOSIVOS S. A.

declara no tener ningún cargo que formular

por ROSARIO MUÑOZ CASTILLO
OBRERO/EMPLEADO

Imp. Unidos S. A. 82.724

«Sólo pude verlo una vez en la cárcel, el día antes de ser fusilado. Estaba demacrado, delgado y lloraba. Al despedirnos, me abrazó y estuvo minutos sin soltarse. Su hermana nos separó y yo me desmayé. El día después de su fusilamiento vino el capellán militar y me explicó con un gran rodeo lo que había pasado. *«Son tiempos de guerra, los prisioneros han intentado escapar y no ha quedado otro remedio»*, me explicó. Como vio que no había entendido lo que había pasado me dijo: *«Señora, le estoy diciendo que su marido fue fusilado ayer a las seis de la tarde».* Me quedé paralizada y luego le pregunté dónde podía verlo. Me dijo que en tiempos de guerra, ellos se encargaban de comprar el ataúd y enterrarlo.

Estuve ocho días en cama a punto de perder a mi *guagua* (mi hijo), que nació el 5 de noviembre, dos semanas después del fusilamiento. Viví con mis padres hasta que cumplió nueve meses. Volví a Calama. Al año fuimos a reclamar los cuerpos. Y nos dijeron que no podían entregarlos. Los buscamos en el desierto.

Habíamos formado un hogar y de repente quedé vacía, sola y desamparada. Nuestra primera hija, Nancy Denise, había muerto de bronconeumonía el 9 de enero de 1973 cuando acababa de cumplir los seis meses. Esperábamos con tanta ansia ese segundo hijo. Queríamos ser de nuevo tres en la familia. Su asesinato lo impidió.

A los siete años le expliqué a mi hijo que su padre estaba muerto. Él veía a mi segundo marido como su padre. Nos conocimos tres años después de la muerte de Rosario. Enviudó con una niñita de dos años y yo estaba sola con un niño de casi tres años.

Pero nunca me pude desprender de su recuerdo. Hace cuatro años sufrí una depresión. El neurólogo me dijo que estaba relacionada con lo que pasó en 1973. Me aconsejó que no volviera a Calama.

Tras la ejecución de Rosario, seguí viviendo en la misma casa. Incluso con mi nueva pareja. Los recuerdos nos hacían sufrir. Fue una decisión errónea. Desde que salimos de Calama nos llevamos muy bien. Allí, el fantasma de Rosario me impedía dormir.

Prefiero no haber encontrado una parte. Entero o nada. A las otras compañeras les dijeron: *«Este trocito es tu hermano, este otro tu esposo, este de aquí tu hijo».*

Desde que Pinochet fue desaforado me siento mucho mejor. Habrá valido la pena no haber encontrado a Rosario si sirve para juzgarlo y castigarlo. Me considero una buena cristiana. No siento odio, aunque tampoco voy a perdonar. Pinochet me da lástima. Su familia pide ahora clemencia. Pero no nos escucharon cuando nosotras sufríamos.»

MARCELA PIÑERO, 28 años.

Hija de **CARLOS PIÑERO LUCERO**, 29 años.
Tenía un año y 7 meses cuando su padre fue ejecutado en Calama.

«Tras una pelea, mi padrastro me dijo: *«Yo no soy tu papá»*.
Tenía entonces cinco años y mi madre me contó la verdad. La ausencia del padre te marca para toda la vida. Primero te proteges con una coraza para que nadie te haga daño, después empiezas a aceptar su muerte, y al final lo imitas y militas en los mismos partidos.
Hasta 1990 no vi una foto suya. Algunas personas que lo conocieron me decían: *«Mírate al espejo y verás a tu padre porque eres igual a él»*. Pero no me conformaba. En mis sueños, aparecía siempre un cuerpo sin rostro. Incluso la única fotografía que tengo es muy borrosa.
Entre las osamentas apareció una clavícula suya. Soñaba con verlo a él y ahora me mostraban un huesito. Tardé más de 17 años en conocer a la familia de mi padre. Mi abuela se había muerto unos meses antes de este encuentro. Siempre he tenido un carácter agrio. Algunos me llamaban *corazón de piedra*. Nunca oculté mi pasado y a todo el mundo le decía que era hija de un ejecutado político. Siempre he tenido relaciones con personas mucho mayores que yo. Necesito que me protejan.»

*«En mis sueños aparecía
un cuerpo sin rostro.»*

ERNESTO JIMÉNEZ ROJAS, 51 años.

**Superviviente. Fue compañero de los fusilados en la cárcel de Calama.
Se salvó porque estaba siendo torturado en otro lugar.**

«Era dirigente de las juventudes socialistas en Calama. Fui detenido y torturado y pasé 19 días incomunicado. Pertenecía al Grupo de Amigos del Presidente (GAP), una unidad que se encargaba de la seguridad de Allende. Uno de los gendarmes me comunicó que nos iban a fusilar al día siguiente. Esa tarde mi madre me dijo: *«Hijo, encomiéndate a Dios si eres inocente».*

A las ocho nos esposaron y nos trasladaron a un lugar donde fuimos torturados. Cuando regresamos al día siguiente, había una gran tensión en la cárcel. Me explicaron que 26 de nuestros compañeros habían sido fusilados. Yo estaba en la lista y me salvé porque estaba siendo torturado en otro lugar.

Me sentí culpable por no haber muerto. ¿Por qué yo tuve el privilegio de salvarme? Tenía más responsabilidades políticas que muchos de los que murieron. Pasé cinco años encarcelado. Desde que recobré la libertad, he luchado por recuperar los cuerpos de los compañeros asesinados. Me lo he impuesto como obligación, como deber moral de militante, para que sus muertes no hayan sido en vano.»

«Me sentí culpable por no haber muerto. ¿Por qué yo tuve el privilegio de salvarme? Tenía más responsabilidades políticas que muchos de los que murieron.»

Mujer de Calama

Madre por qué tienes miedo
te quedas mirando al cielo
delante está el horizonte
no hay hombres...
Cuando les miras de cerca
la tierra sientes que se abre
la noche toda es un ruido
de sables...
Les dieron muertes de perro
hasta ocultaron sus huesos
nunca llegaron tan lejos
tan menos...
Si yo tuviera la llave
que hiciera más soportable
salir de pronto a la calle
y hablarles.

Mujer de Calama con tu memoria
haremos la siembra para la historia
mujer de Calama cerca del fuego
tejiendo madejas con los recuerdos
mujer de Calama dile a tu sombra
que aunque no lo crea nunca está sola.

Sé que no existe otro infierno
sé porque puedo saberlo
sé que tendrá mejor viento
mi pueblo.
Quiero decirte que espero
que no haya olvido ni duelo
que no haya paz en sus huesos
ni muertos.
Si despertara de pronto
lejos de todo y de todos
si no tuviera recuerdos
tan ciertos...
Si no esperara otro cielo
que este vivir por el suelo
cuánto mejor estaría
con ellos.

Canción de Víctor Manuel San José
© 1988 Ed. Mus. Anamusic

CAUQUENES
4/X/1973

LA OTRA CARAVANA DE LA MUERTE

El 4 de octubre de 1973, tres semanas después del golpe de Estado, un helicóptero militar llegó a la ciudad de Cauquenes. En él viajaban Sergio Arellano Stark y sus ayudantes. Horas después, cuatro jóvenes detenidos fueron fusilados.

Hay sospechas de que esta primera «caravana de la muerte» visitó otras ciudades del sur de Chile como Linares, Valdivia y Chihuio. Decenas de opositores fueron ejecutados coincidiendo con la llegada del helicóptero.

Algunos investigadores creen que el viaje posterior al norte fue en realidad una prolongación de este viaje, realizado durante los primeros días de octubre de 1973. Los casos de Cauquenes también han servido para procesar a Pinochet y los integrantes de la «caravana de la muerte».

Las investigaciones sobre lo ocurrido durante este primer viaje podrían permitir un nuevo proceso contra Pinochet en un futuro no muy lejano.

Restos del pantalón de Claudio Lavín encontrados en la fosa común.

CLAUDIO LAVÍN LOYOLA   PABLO VERA TORRES   MANUEL PLAZA ARELLANO   MIGUEL MUÑOZ FLORES

LILI LAVÍN, 57 años, y LAURA LAVÍN, 55 años.

Hermanas de CLAUDIO LAVÍN, 29 años, casado, dos hijos. Técnico agrícola que trabajaba en el Banco del Estado. Fusilado el 4 de octubre de 1973 en Cauquenes. Sus restos fueron identificados en 1999.

«Reconocimos su esqueleto completo aunque la masa craneal estaba muy destruida por los impactos de balas a bocajarro. Es el minuto en que se muere la persona querida. El reconocimiento fue como una vivencia irreal, pero nos sirvió para sentirnos más unidos. Metieron sus restos en el ataúd. La actitud de los forenses y antropólogos fue de gran respeto. Sus restos fueron tratados con gran dignidad. No ha servido para cerrar las heridas. Quizá sirvió para cerrar un ciclo, para finalizar un duelo de 26 años. Encontrar los restos te da certeza de la muerte.

En el informe médico que recibimos tras su fusilamiento se decía que había muerto de un disparo. Pero en realidad recibió seis proyectiles y además tenía seis costillas rotas. Estaba amarrado de manos y pies. Tenía cuatro orificios de bala en la camisa, con entrada por la espalda. Hicimos la emotiva misa de cuerpo presente que nunca pudo tener. El cortejo fúnebre se dirigió a Cauquenes. Encontramos a mucha gente esperando en el cementerio. Lo volvimos a enterrar en la misma fosa.»

«Encontrar los restos te da certeza de la muerte.»

Fotografía familiar. En el centro Claudio Lavín, a la izquierda Lili, en el fondo sus padres y a la derecha Laura.

LOS 75 EJECUTADOS
DE LA CARAVANA DE LA MUERTE

CAUQUENES
4 / X / 1973

Ejecutados
CLAUDIO LAVÍN LOYOLA, 29 años, técnico agrícola.
PABLO VERA TORRES, 22 años, estudiante.

Ejecutados. Siguen desaparecidos
MANUEL PLAZA ARELLANO, 25 años, técnico agrícola.
MIGUEL MUÑOZ FLORES, 21 años, funcionario.

LA SERENA
16 / X / 1973

Ejecutados
OSCAR AEDO HERRERA, 23 años, técnico forestal.
CARLOS ENRIQUE ALCAYAGA VARELA, 38 años, albañil.
JOSÉ EDUARDO ARAYA GONZÁLEZ, 23 años, campesino.
MARCOS ENRIQUE BARRANTES ALCAYAGA, 26 años, técnico.
JORGE ABEL CONTRERAS GODOY, 31 años, campesino.
HIPÓLITO CORTÉS ÁLVAREZ, 43 años, funcionario municipal.
ÓSCAR ARMANDO CORTÉS CORTÉS, 48 años, campesino.
VÍCTOR FERNANDO ESCOBAR ASTUDILLO, 22 años, técnico agrícola.
ROBERTO GUZMÁN SANTA CRUZ, 35 años, abogado.
JORGE MARIO JORDÁN DOMIC, 29 años, médico.
MANUEL JACHADUR MARCARIAN JAMETT, 31 años, campesino.
JORGE OSORIO ZAMORA, 35 años, profesor universitario.
JORGE WASHINGTON PEÑA HEN, 45 años, director de orquesta.
MARIO ALBERTO RAMÍREZ SEPÚLVEDA, 44 años, profesor universitario.
GABRIEL GONZALO VERGARA MUÑOZ, 22 años, campesino.

COPIAPÓ
17 / X / 1973

Ejecutados
WINSTON CABELLO BRAVO, 28 años, ingeniero.
AGAPITO CARVAJAL GONZÁLEZ, 32 años, funcionario.
FERNANDO CARVAJAL GONZÁLEZ, 30 años, empleado.
MANUEL CORTÁZAR HERNÁNDEZ, 19 años, estudiante.
ALFONSO GAMBOA FARÍAS, 35 años, periodista y profesor.
RAÚL LEOPOLDO GUARDIA OLIVARES, 23 años, funcionario.
LEOPOLDO LARRAVIDE LÓPEZ, 21 años, estudiante.
EDWIN RICARDO MANCILLA HESS, 21 años, estudiante.
PEDRO PÉREZ FLORES, 29 años, ingeniero de minas.
ADOLFO PALLERAS NORAMBUENA, 27 años, comerciante.
JAIME SIERRA CASTILLO, 27 años, locutor de radio.
ATILIO ERNESTO UGARTE GUTIÉRREZ, 24 años, estudiante.
LEONELLO VICENTI CARTAGENA, 33 años, profesor.

Ejecutados. Siguen desaparecidos
RICARDO GARCÍA, 43 años, ingeniero y economista.
BENITO TAPIA TAPIA, 31 años, empleado.
MAGUINDO CASTILLO ANDRADE, 40 años, empleado.

ANTOFAGASTA
19 / X / 1973

Ejecutados
LUIS EDUARDO ALANIZ ÁLVAREZ, 23 años, estudiante.
MARIO ARQUEROS SILVA, 45 años, gobernador.
DINATOR ÁVILA ROCCO, 32 años, empleado.
GUILLERMO CUELLO ÁLVAREZ, 30 años, funcionario.
MARCO FELIPE DE LA VEGA RIVERA, 46 años, ingeniero y alcalde.
NORTON FLORES ANTIVILO, 25 años, asistente social.
DARIO GODOY MANSILLA, 18 años, estudiante.
JOSÉ GARCÍA BERRÍOS, 66 años, empleado.
MIGUEL MANRÍQUEZ DÍAZ, 24 años, profesor.
DANILO MORENO ACEVEDO, 28 años, conductor.
WASHINGTON MUÑOZ DONOSO, 35 años, interventor.
EUGENIO RUIZ-TAGLE ORREGO, 26 años, ingeniero.
MARIO SILVA IRIARTE, 38 años, abogado.
ALEXIS VALENZUELA FLORES, 29 años, empleado.

CALAMA
19 / X / 1973

Ejecutados
MARIO ARGÜELLES, 34 años, taxista y comerciante.
CARLOS ESCOBEDO CARIZ, 24 años, conductor.
LUIS ALBERTO HERNÁNDEZ NEIRA, 32 años, empleado.
HERNÁN MORENO VILLARROEL, 29 años, secretario de gobernación.
CARLOS PIÑERO LUCERO, 29 años, conductor.
FERNANDO RAMÍREZ SÁNCHEZ, 26 años, profesor.
ALEJANDRO RODRÍGUEZ RODRÍGUEZ, 47 años, regidor.
JOSÉ GREGORIO SAAVEDRA GONZÁLEZ, 18 años, estudiante.
JERÓNIMO CARPANCHAY CHOQUE, 28 años, obrero.
LUIS ALBERTO GAHONA OCHOA, 28 años, obrero.
JOSÉ ROLANDO HOYOS SALAZAR, 38 años, mecánico.
MILTON MUÑOZ MUÑOZ, 33 años, obrero.
ROBERTO ROJAS ALCAYAGA, 36 años, obrero.

Ejecutados. Siguen desaparecidos
CARLOS BERGER GURALNIK, 29 años, periodista y abogado.
HAROLDO CABRERA ABARZÚA, 34 años, ingeniero.
DANIEL GARRIDO MUÑOZ, 22 años, cabo reservista del ejército.
LUIS ALFONSO MORENO VILLARROEL, 30 años, conductor.
DAVID MIRANDA LUNA, 48 años, empleado de minas.
RAFAEL PINEDA IBACACHE, 24 años, minero.
SERGIO RAMÍREZ ESPINOZA, 29 años, empleado.
DOMINGO MAMANI, 41 años, jefe de bienestar social.
BERNARDINO CAYO CAYO, 42 años, obrero.
MANUEL HIDALGO RIVAS, 23 años, obrero.
ROSARIO AGUID MUÑOZ CASTILLO, 26 años, obrero.
VÍCTOR ORTEGA CUEVAS, 34 años, obrero.
JORGE YUENG ROJAS, 37 años, obrero.

Fuente: *Pruebas a la vista* (Patricia Verdugo).
Algunos datos sobre la reconstrucción del paso de la «caravana de la muerte» por las distintas ciudades han sido extraídos de este libro y de *La misión era matar*, de Jorge Escalante.

GERVASIO SÁNCHEZ

Nacido en Córdoba (España) en agosto de 1959, Gervasio Sánchez se licenció en 1984 en periodismo. Desde entonces ha trabajado como periodista independiente en más de dos decenas de conflictos armados para diferentes diarios como *Heraldo de Aragón, El País* y *La Vanguardia.* También colabora con la agencia Cover, la revista *Tiempo*, la cadena Ser y la BBC.

En diciembre de 1994 se publicó su libro fotográfico *El Cerco de Sarajevo*, resumen de su trabajo en la sitiada capital bosnia entre junio de 1992 y marzo de 1994.

En octubre de 1995 inició un proyecto fotográfico sobre el impacto de las minas antipersonas contra las poblaciones civiles en los países más afectados del mundo, entre ellos Afganistán, Angola y Camboya, que concluyó en noviembre de 1997 con un nuevo libro titulado *Vidas Minadas* (en colaboración con las ONGs Intermón, Manos Unidas, Médicos Sin Fronteras, y Blume).

En noviembre de 1999 publicó su libro fotográfico *Kosovo. Crónica de la deportación* (Blume) y en febrero de 2000 apareció *Niños de la Guerra* (Blume), resumen de su trabajo en la última década en más de una quincena de conflictos armados.

La Asociación de la Prensa de Aragón le otorgó por unanimidad en 1993 el Premio al Mejor Periodista del Año por su cobertura de la guerra de Bosnia.

El Club Internacional de Prensa de Madrid le concedió en 1994 el Premio al Mejor Trabajo Gráfico del Año por la cobertura de la guerra de Bosnia.

En 1995 le fue concedido el Premio de Andalucía de Cultura en la modalidad de Fotografía. El jurado destacó en el acta su «visión generosa y humanitaria, comprometida con el máximo rigor periodístico, ejemplo de nuevo periodismo que debe impulsar a las futuras generaciones de fotógrafos».

En junio de 1996 le fue concedido el premio Cirilo Rodríguez, el más prestigioso del Estado español para periodistas que ejercen su labor en el extranjero como enviados especiales o corresponsales permanentes.

En diciembre de 1997, la Asociación Pro Derechos Humanos de España le concedió el Premio de Derechos Humanos de Periodismo por su libro *Vidas Minadas* y su trayectoria profesional.

El excelentísimo Ayuntamiento de Zaragoza acordó en septiembre de 1998 concederle el título de Hijo Adoptivo en «reconocimiento a los excepcionales méritos contraídos en el ejercicio de su actividad como fotógrafo en la que ha destacado por su sensibilidad social y su denuncia de los horrores de la guerra».

La Organización de las Naciones Unidas para la Educación, la Ciencia y la Cultura (UNESCO) le nombró «Enviado Especial de la Unesco por la Paz» durante la celebración del 50 aniversario de la Declaración Universal de los Derechos Humanos en diciembre de 1998 por «el extraordinario testimonio que ofrece mediante la fotografía del calvario que padecen las víctimas de las minas antipersonas y por su infatigable promoción de una cultura de la paz».

Agradecimientos del autor

La primera vez que oí hablar de la «caravana de la muerte» fue en diciembre de 1986. Rosa Silva, hija de un ejecutado, me convenció de la importancia de este caso y viajé al norte de Chile. En Antofagasta encontré la ayuda inestimable de Alicia Vidal, abogada en la tramitación de las primeras querellas. La familia de la Vega me transmitió la intensidad del drama que sufrían. En Calama entendí que las principales víctimas estaban aún vivas: eran los familiares de los ejecutados y desaparecidos. Vicky Saavedra y Violeta Berrios me acogieron con gran cariño. Tuve ocasión de escuchar los testimonios de Norma Estay, Brunilda Rodríguez, Leonila Rivas. Recordaban lo ocurrido como si el tiempo se hubiese detenido en octubre de 1973.

Mi primer gran reportaje sobre la «caravana de la muerte» lo publiqué el 17 de mayo de 1987 en el diario español El País. Me atreví a decir con el riesgo que uno asume cuando todavía es joven que «el escándalo amenaza con salpicar al general Pinochet». Las limitaciones de espacio impidieron que se conocieran la mayoría de los testimonios que había reunido durante mi viaje por el norte de Chile. Después, los fui publicando en mi querido Heraldo de Aragón, un diario regional que vive la información internacional con la intensidad de los grandes diarios norteamericanos.

En 1989 conocí a Hilda Rosas. Las cartas que su marido Mario Ramírez le envió desde la cárcel me emocionaron. Rosa Silva me persiguió hasta Nicaragua. Una noche de febrero de 1990 le anuncié que los sandinistas habían perdido las elecciones. Se sintió derrotada de nuevo tras su huida de un Chile que recuperaba una democracia vigilada. Pero esta valiente mujer superó todos los obstáculos. Estudió leyes para conocer los vericuetos de la justicia y su pundonor convenció a su abogado de la necesidad de implicar definitivamente a Pinochet en el caso judicial.

La «caravana de la muerte» me persiguió durante años. En septiembre de 1992 me encontré en Sarajevo con una yugoslava que hablaba español con la dulce jerga chilena. La ciudad llevaba cercada varios meses y las bombas barrían sus calles cada día. Casi me había olvidado de Chile, que considero mi segundo país, cuando Mayra Topcargic me contó que su marido, Haroldo Cabrera, había sido ejecutado en Calama. Se emocionó cuando supo que sabía tanto como ella sobre la «caravana de la muerte».

En diciembre de 1997 regresé a Chile después de muchos años. Las guerras balcánicas y africanas y las víctimas de las minas antipersonas habían ocupado varios años de mi vida. Sentí la opresión del silencio. La sociedad y sus gobernantes daban la espalda a los familiares de las víctimas que seguían luchando por la recuperación de la memoria histórica y por el derecho a la justicia de los desaparecidos y ejecutados.

En los siguientes años he regresado con el objetivo de completar un ciclo de mi vida. He publicado muchos de estos testimonios en El Semanal y La Vanguardia Magazine, dos de los suplementos dominicales más leídos en España.

Quiero agradecer el apoyo impagable de Ana María Merino en La Serena, de Julio Hernández en Copiapó y de Carmen Hertz en Santiago. Y por supuesto dar las gracias a todas las personas entrevistadas en este libro por su permanente colaboración a pesar de lo duro que es recordar un pasado de dolor.

Este libro no hubiera existido sin la ayuda de las Agrupaciones de Familiares de Detenidos-Desaparecidos y Ejecutados Políticos.

Y gracias también a Manuel Fuentes, delegado de la agencia EFE en Santiago, por su generosidad.